Dieses Buch bietet einen kompakten und allgemein verständlichen Überblick über sieben Weltreligionen: Hinduismus, Buddhismus, Daoismus, Judentum, Christentum, Islam sowie – als Beispiel für eine neuere Weltreligion – die Baha'i. Der Autor schildert die Lehren, Verhaltensnormen, religiösen Praktiken und Organisationsformen der einzelnen Religionen und beschreibt deren große innerreligiöse Vielfalt. Dabei geht er auch der Frage nach, was eine «Weltreligion» von anderen Religionen unterscheidet.

Manfred Hutter ist Professor für Vergleichende Religionswissenschaft an der Philosophischen Fakultät der Universität Bonn. Schwerpunkte seiner Forschung sind die Religionen Vorderasiens sowie Süd- und Südostasiens.

Manfred Hutter

DIE WELTRELIGIONEN

Verlag C.H.Beck

Mit 7 Abbildungen

1. Auflage. 2005
2., durchgesehene Auflage. 2006
3., durchgesehene Auflage. 2008
4., durchgesehene Auflage. 2012

5., aktualisierte Auflage. 2016

Originalausgabe
© Verlag C.H.Beck oHG, München 2005
Satz, Druck und Bindung: Druckerei C.H.Beck, Nördlingen
Umschlagentwurf: Uwe Göbel, München
Printed in Germany
ISBN 978 3 406 50865 3

www.chbeck.de

Inhalt

Einleitung 9
1. Was ist eine Weltreligion? ... 9
   a) Universeller Geltungsanspruch 9 – b) Zahl der Anhänger und/oder geographische Verbreitung 10 – c) Alter 12 – d) Fazit 13
2. Weltreligionen in der Wahrnehmung des Abendlandes ... 14
3. Zum Aufbau des Buches ... 16

Buddhismus 18
1. Leben und Lehre Gautama Siddharthas, des Buddha ... 18
2. Historische Entwicklungen ... 21
   a) Theravada-Buddhismus 21 – b) Mahayana-Buddhismus 23 – c) Vajrayana-Buddhismus 27
3. Praxis und Lebensgestaltung ... 29
   a) Mönche und Laien 29 – b) Ethik 30 – c) Meditation 30 – d) Feiertage 32
4. Die kulturprägende Kraft ... 33

Judentum 36
1. Identitätsfiguren für die Anfänge des Judentums ... 36
2. Historische Entwicklungen ... 38
   a) Rabbinisches Judentum 40 – b) Europäisches Judentum 42 – c) Modernes Judentum 45
3. Praxis und Lebensgestaltung ... 47
   a) Schabbat und Synagogengottesdienst 47 – b) Beschneidung und *bar-mizwa* bzw. *bat-mizwa* 48 – c) Feiertage 48
4. Die kulturprägende Kraft ... 50

Christentum 53
1. Jesus und Paulus: Der «Stifter» und sein «Theologe» — 54
2. Historische Entwicklungen — 55
   a) Orientalisches Christentum 59 – b) Byzantinisch-orthodoxes Christentum 60 – c) Lateinisch-abendländisches Christentum 62
3. Praxis und Lebensgestaltung — 64
   a) Weihnachten, Ostern und Pfingsten 64 – b) Sonntagsgottesdienst und Abendmahl 65 – c) Taufe 66 – d) Ehe und Enthaltsamkeit 67 – e) Ethik und Recht 67
4. Die kulturprägende Kraft — 68

Daoismus 72
1. Laozi als fiktiver Religionsstifter — 72
2. Historische Entwicklungen — 74
   a) Zhang Daoling und die Himmelsmeister 76 – b) Die Tang-Zeit 78 – c) Zheng-yi und Quan-zhen 79
3. Praxis und Lebensgestaltung — 81
   a) Körperbezogene Praktiken 81 – b) Liturgische Praktiken 82 – c) Tempel und Kloster 83 – d) Ethische Anweisungen 83
4. Die kulturprägende Kraft — 84

Islam 87
1. Muhammad als Begründer des Islam — 87
2. Historische Entwicklungen — 89
   a) Schiiten 89 – b) Sunniten 93
3. Praxis und Lebensgestaltung — 97
   a) Ethische Verhaltensweisen 97 – b) Gebet 97 – c) Fasten 99 – d) Wallfahrt 99 – e) Ashura-Feier 100 – f) Mystik 101
4. Die kulturprägende Kraft — 102

Baha'i-Religion 105
1. Die «Zwillingsoffenbarer» Bab und Baha'u'llah — 105
2. Historische Entwicklungen — 108
   a) Die Lehre Baha'u'llahs 108 – b) Abdu'l Baha, der «Mittelpunkt des Bundes» 111 – c) Shoghi Effendi, der «Hüter der Sache Gottes» 112 – d) Das Universale Haus der Gerechtigkeit 114

3. Praxis und Lebensgestaltung   115
a) Kalender und Feste 115 – b) Gebet 116 – c) Häuser der Andacht und Wallfahrt 116 – d) Gesetze und Ethik 117
4. Die kulturprägende Kraft   118

Hinduismus 121
1. Die Rishis und die Veden   121
2. Historische Entwicklungen   123
a) Der Wandel in der vedischen Religion 123 – b) Theistische Religionen des klassischen Hinduismus 126 – c) Moderner Hinduismus 129
3. Praxis und Lebensgestaltung   132
a) Dharma und gesellschaftliche Pflichten 132 – b) Yoga als Meditationstechnik 133 – c) Bhakti als Frömmigkeitsform 134 – d) Rituale und Tempelfeste 135
4. Die kulturprägende Kraft   136

Literaturhinweise   139
Register   141

Einleitung

Die Auswahl der sieben Religionen als Weltreligionen ist teilweise unumstritten, teilweise mag sie den Leser überraschen. Dies liegt in der Natur der Sache, da ein klar definierter Begriff von «Weltreligion» innerhalb der Religionswissenschaft nicht existiert. Umgekehrt lassen sich durchaus eine Reihe von geschichtlichen wie auch gegenwärtigen Religionen anführen, die man kaum als Weltreligionen bezeichnen würde, weil sie beispielsweise nur in einem eingeschränkten geographischen Raum Verbreitung fanden oder unmittelbar an eine eng definierte Gruppe von Gläubigen gebunden waren. Letzteres ist bei zahlenmäßig kleinen Stammesreligionen der Gegenwart durchaus noch der Fall, aber auch bei elitären Gruppen, die das religiöse Heil lediglich auf einen Kreis von Auserwählten beschränken.

1. Was ist eine Weltreligion?

Während eine negative Abgrenzung somit möglich ist, ist es ungleich schwieriger, exakte und überzeugende positive Kriterien für den Status einer «Weltreligion» zu benennen. Beliebte Kriterien sind unter anderem folgende:

a) Universeller Geltungsanspruch: Ein solcher Anspruch wird heute von zahlreichen, auch neuen Religionen, die im 19. und 20. Jahrhundert entstanden sind, formuliert. Allerdings sollte man bei diesem Kriterium bedenken, dass der Anspruch bei der Entstehung oder ersten Festigung nur gelegentlich erhoben wurde. In historischer Perspektive kann man den Buddhismus nennen, da Buddha bereits betont hat, dass die von ihm verkündete Lehre für alle gültig und somit universell ist. Man darf aber gerade bei diesem Beispiel nicht vergessen, dass es dem Buddha nicht um ein neues Religionssystem gegangen ist. An nächster

Stelle mag man bei einer solchen historischen Betrachtung an das Christentum denken, das – nach dem Ausweis des Matthäusevangeliums – einen universellen Missionsauftrag, die Lehre Jesu auch über die Grenzen des ersten Anhängerkreises hinaus zu verbreiten, beinhaltet. Schließlich ist chronologisch noch der Islam anzuführen. Dessen theologisches Konzept, wonach Gott sich in früheren Generationen durch frühere Propheten verschiedenen Völkern offenbart hat, lässt von Beginn an eine universelle Tendenz erkennen. So setzt Muhammad, der die göttliche Offenbarung der arabischen Welt überbringt, diesen Prozess fort. Man wird diese drei Religionen also zweifellos dadurch charakterisieren können, dass von Anfang an intendiert war, die Botschaft über ethnische Grenzen hinaus zu tradieren. Daher kann man in diesen Fällen von «klassischen» Weltreligionen sprechen. Bei einer sehr engen Auslegung des Begriffs «Weltreligion» – ein universalistischer Anspruch muss von Beginn an vorhanden sein – wären Buddhismus, Christentum und Islam allerdings die einzigen lebenden Weltreligionen. Denn der Manichäismus, der in der Mitte des 3. Jahrhunderts im Süden Iraks und im Südwesten Irans entstanden ist, ist nur noch eine historische Weltreligion. Mani (216–277) hatte sich als Stifter einer neuen Religion verstanden und war von Anfang an bemüht, diese «weltweit» zu verbreiten, was ihm und seinen Anhängern im Westen bis nach Spanien, im Osten entlang der Seidenstraße bis nach China gelang. Doch erlosch diese Weltreligion im Westen etwa im 6. Jahrhundert; in China konnte sie sich noch bis ins 16. Jahrhundert halten.

b) Zahl der Anhänger und/oder geographische Verbreitung: Ein weiteres häufig genanntes Kriterium für eine Weltreligion, das für den Buddhismus, das Christentum und den Islam zutrifft, ist die große Zahl der Anhänger. Aber auch andere Religionen sind hiernach Weltreligionen, zunächst der Hinduismus: Alle unter dem Sammelbegriff «Hinduismus» zusammengefassten religiösen Richtungen, die auf dem indischen Subkontinent ihren Ausgang genommen haben, weisen derzeit eine Mitgliederzahl von insgesamt etwa 850 Millionen Personen auf. Die überwältigende

Mehrheit von ihnen lebte und lebt bis heute im engeren indischen Kulturraum. Erst durch Migrationen in den letzten Jahrzehnten haben sich Hindus – unterschiedlicher Provenienz und aus unterschiedlichen Gründen – weltweit ausgebreitet. Allerdings bilden sie in allen Ländern außerhalb des indischen Kulturraumes Minderheiten, die in der Regel weit unter einem Prozent der Gesamtbevölkerung liegen. Migration trägt zwar quantitativ zur Verbreitung des Hinduismus bei, doch erheben hinduistische Gemeinschaften nur in Ausnahmefällen bzw. in rezenten Strömungen, die allerdings außerhalb des «main-stream» religiöser Autoritäten Indiens stehen, einen universellen Anspruch. Pointiert formuliert ließe sich sogar sagen, dass der Hinduismus zwar quantitativ zweifellos nach Christentum und Islam als Weltreligion zu nennen ist, dass aber viele Hindus ihre Religion eng mit der Geburt in einer Hindu-Gemeinschaft verbinden – vergleichbar der Bedeutung der Geburt in eine Stammesgemeinschaft –, ohne einen universellen Anspruch zu erheben.

Legt man die Zahl der eine Religion praktizierenden Personen zugrunde, so darf der religiöse Daoismus zu Recht zu den Weltreligionen gerechnet werden, da die Anhängerzahl sicherlich mehrere hundert Millionen Personen umfasst, die sich teilweise gleichzeitig auch als (chinesische) Buddhisten und Anhänger der Lehren des Konfuzius verstehen. Das Streben nach Harmonie und Einheit enthält für den Daoismus durchaus ein universelles Element. Die Verbreitung in Ostasien – vor allem in Korea – zeigt, dass der religiöse Daoismus seit rund 1300 Jahren fähig ist, die ethnisch-chinesischen Grenzen zu überschreiten.

Bezüglich des Judentums muss bedacht werden, dass seit dem Hellenismus jüdische Diasporagemeinden entstanden sind – zunächst im kulturellen Milieu der antiken Welt, aber auch in Europa, Nordamerika und entlang der Seidenstraße bis nach China, so dass das Judentum unter anderem wegen dieser geographischen Komponente in der Regel zu den Weltreligionen gerechnet wird. Da es auch innerhalb des Judentums Richtungen gibt, die der Konversion von Nichtjuden positiv gegenüberstehen und die sich auf das biblische Motiv der Wallfahrt aller Völker auf den Zion nach Jerusalem berufen können, lässt sich auch ein universeller Anspruch erkennen. Allerdings ist die Gesamtzahl der Juden mit ca. 15 Millionen Personen im Vergleich zu anderen Religionsgemeinschaften statistisch gesehen recht gering.

Auch bezüglich der Baha'i-Religion ist – trotz ihrer ungleich kürzeren Geschichte – eine geographische Verbreitung über weite Teile der Welt feststellbar, die durch den von dieser Religion vertretenen universellen Anspruch auch planmäßig gefördert wird. Die Zahl der insgesamt rund sechs Millionen Mitglieder ist aber noch relativ gering.

c) Alter: Legt man das Alter einer Religion als Kriterium zugrunde, könnte man den Zoroastrismus als Weltreligion nennen, dessen absolute Anhängerzahl weltweit 150 000 bis 170 000 Personen nicht überschreiten dürfte. Dass der Zoroastrismus seit rund eineinhalb Jahrtausenden die Konversion von Andersgläubigen in der Regel ablehnt, ist lediglich eine aus historischen Bedingungen entstandene Verengung einer in früheren Entwicklungsphasen durchaus universell ausgerichteten Religion. Seit wenigen Jahrzehnten kommt es deswegen auch zu heftigen Disputen innerhalb der Religionsgemeinschaft zwischen Befürwortern und Gegnern von Konversionen, wobei letztere in der Mehrheit sind.

Manche Konzepte von Weltreligion argumentieren mit dem Alter einer Religion, um damit jüngere Religionen auszugrenzen, die erst sukzessive, etwa seit der Mitte des 19. Jahrhunderts, entstanden sind. Solche Religionen stehen zwar in enger historischer Beziehung zu einer jeweiligen «Mutterreligion», betonen aber vor allem einen universellen Anspruch. Allerdings ist ein hohes Alter kein sachlich überzeugendes Kriterium für den Status einer Weltreligion. Daher wird aus der Gruppe jüngerer Religionen in diesem Buch die Baha'i-Religion dargestellt, die einen universellen Anspruch in vielen Ländern relativ erfolgreich umsetzt. Anstelle der Baha'i-Religion wäre es auch denkbar gewesen, eine japanische neue Religion zu behandeln, da auch solche Religionen schrittweise ihren japanischen Lokalbezug zugunsten eines universellen Anspruchs aufgeben. Ebenso versteht sich die Mitte der 1950er Jahre in Korea gegründete «Vereinigungskirche» als eigenständige Religion mit universellem Anspruch.

d) Fazit: Die drei genannten Kriterien – universeller Anspruch, Mitgliederzahl und geographische Verbreitung, Alter –, die häufig zur Definition einer Weltreligion herangezogen werden, sind nur bedingt brauchbar, um damit eine klar eingegrenzte Gruppe von Religionen zu erfassen, die sich eben als Weltreligionen in typischer und eindeutiger Weise von «Nicht-Weltreligionen» unterscheiden würden. Vielmehr handelt es sich bei der Bezeichnung «Weltreligion» um einen – weitgehend verständlichen – Begriff des alltäglichen Sprachgebrauchs.

Dem trägt dieses Buch genauso Rechnung wie andere Darstellungen zu Weltreligionen, vor allem in Hinblick auf die Auswahl der hier behandelten Religionen. Eine strikt minimalistische Lösung hätte sich auf Buddhismus, Christentum und Islam beschränken können. Andere Gesamtdarstellungen von Weltreligionen nennen manchmal fünf, indem noch Judentum und Hinduismus hinzugefügt werden. Wieder andere handbuchartige Darstellungen zählen noch weitere Religionen auf: so gelegentlich den Konfuzianismus, doch ist – trotz der Eurozentrik des aus der lateinischen Sprache stammenden Begriffs «Religion» – der Konfuzianismus eher als ein ethisches und philosophisches System zu betrachten. Zwar gibt es kleine Gruppen von chinesischen Anhängern des Konfuzius, die daraus ein religiöses System entwickelt haben, aber dieses ist sowohl in quantitativer als auch in geographischer Hinsicht auf einen engen Anhängerkreis beschränkt. Häufiger wird der Zoroastrismus als Weltreligion angeführt, was für einige historische Epochen zutreffend ist. Der gegenwärtige Zoroastrismus durchläuft eine Phase, deren Ergebnis noch nicht absehbar ist. Eventuell geht der derzeit ethnisch definierte Zoroastrismus aus diesem Prozess letzten Endes als eine – wieder – universell ausgerichtete Religion hervor. Schließlich sei noch der Sikhismus genannt, der trotz seiner geographischen Verbreitung aufgrund von Migration nicht den Anspruch erhebt, alle Menschen mit seiner Botschaft erreichen zu wollen. Die hier vorgelegte Auswahl von Religionen hat letztere unberücksichtigt gelassen, weil sie aus pragmatischen Gründen der Leitidee folgt, dass die jeweilige Religion derzeit einen universellen Anspruch vertritt, der mit einem gewissen Erfolg organisatorisch «weltweit» umgesetzt wird.

2. Weltreligionen in der Wahrnehmung des Abendlandes

Ein Aspekt, der nicht unwesentlich die Vorstellung und Definition von Weltreligionen mitgeprägt hat, ist das Vorhandensein von «heiligen Schriften». Im 19. Jahrhundert hat der Religionswissenschaftler Friedrich Max Müller für dieses Konzept von Weltreligion gleichsam die Basis gelegt. Für ihn ist der Maßstab, an dem Weltreligionen zu messen sind, die jüdisch-christliche Tradition mit der Wertschätzung der Bibel. Religionen, die analoge «Bücher» als heilige Schriften besitzen, waren für Müller von weltweitem Interesse, d. h. als Weltreligionen wert, sorgfältig untersucht zu werden. Dies war letztlich ein theologisches Argument, das von der zentralen Rolle der Bibel für das Christentum ausging und dieses auf «nicht-christliche» Religionen anwandte, mit der Konsequenz, dass die Rede von «Weltreligionen» letztlich ein Konstrukt europäischer Geistigkeit des 19. Jahrhunderts ist. Neben Christentum und Judentum galten für Müller Islam, Zoroastrismus, Hinduismus, Buddhismus, Daoismus und Konfuzianismus als Weltreligionen. Das von Müller gewählte abendländische Kriterium «heilige Schrift» ist jedoch in zweierlei Hinsicht sachlich nicht zutreffend. Einerseits ist die Rolle der einzelnen religiösen Schriften in den genannten Religionen zu unterschiedlich, als dass daraus ein wirklich verbindliches Definitionskriterium von Weltreligion gewonnen werden könnte. Andererseits schloss Müller jene Religionen aus, die zum damaligen Zeitpunkt noch kaum bekannt waren: den am Ende des 15. Jahrhunderts entstandenen Sikhismus, dessen heiliges Buch, der so genannte Adi Granth, eine ungleich größere Bedeutung für diese Religion hat als manche der von Müller studierten heiligen Schriften. Auch die Baha'i-Religion war zu Müllers Zeit noch in ihrer ersten Entstehungsphase

2. Weltreligionen in der Wahrnehmung des Abendlandes

und lediglich einer Handvoll Europäern bekannt. Solche Zufälligkeiten der Wissenschaftsgeschichte des Abendlandes können aber kein Kriterium für die Bestimmung einer Religion als Weltreligion sein.

Dieser kurze Rückblick in die Forschungsgeschichte macht deutlich, dass «Weltreligion» ein Begriff ist, der aus einem europäischen Blickwinkel unterschiedliche Religionen in eine Kategorie zwängen will. Insofern können hier zwei Beobachtungen zur Wahrnehmung von Religionen außerhalb Europas unseren eigenen eurozentrierten Blick relativieren und dazu beitragen, Einseitigkeiten in unserer Wahrnehmung zu vermeiden. Die Republik Indonesien nennt unter den fünf Grundprinzipien (*pancasila*), auf denen die Staatsdoktrin aufbaut, als erstes Prinzip den Glauben an Gott; in Konsequenz wird daraus abgeleitet, dass in Indonesien folgende fünf Religionen anerkannt sind: Islam, Hinduismus, Buddhismus, Katholizismus und Protestantismus. Aufschlussreich ist dabei, dass das aus europäischer Perspektive in der Regel gemeinsam mit Islam, Hinduismus und Buddhismus genannte Christentum als «Weltreligion» in der indonesischen Wahrnehmung in zwei Religionen gespalten wird. Erklärbar ist diese Teilung für den Religionswissenschaftler aus der politischen Geschichte Indonesiens: Die niederländische Kolonialregierung bevorzugte den Protestantismus, daneben gab es aber auch die aktiven katholischen Missionsschulen und -stationen. Offensichtlich stellten sich für die Politiker des unabhängigen Indonesien die beiden unterschiedlichen christlichen Konfessionen als völlig eigenständige Größen dar, so dass daraus für die indonesische (politische) Wahrnehmung zwei eigenständige Religionen wurden, die beide auf eine Ebene mit den Weltreligionen Islam, Buddhismus und Hinduismus gestellt wurden. – Ähnlich wird manchmal auch in religionspolitischen Dokumenten aus der Volksrepublik China zwischen Katholizismus und Christentum unterschieden, die neben den drei weiteren in China wichtigen Religionen Buddhismus, Daoismus und Islam genannt werden. Auch wenn bei solchen Aufzählungen teilweise politische Motive für die Benennung eine Rolle spielen können, ist es doch aufschlussreich, dass der aus europäischer Perspektive gewählte Oberbegriff Christentum nicht überall in dieser Weise zur Bezeichnung *einer* Weltreligion verwendet wird.

Kehren wir zu unserer europäischen Perspektive zurück: Die Wahrnehmung des Hinduismus als *einer* Weltreligion muss von einem Hindu – mit religionshistorisch sogar durchaus guten Gründen – nicht unbedingt geteilt werden. Auch der Daoist sieht sich selbst vielleicht von der europäisch-religionswissenschaftlichen Kategorisierung «Daoismus» nicht richtig erfasst, da er sich – einem abendländisch exklusiven Religionsbild zuwiderlaufend – gleichzeitig als Anhänger des «Daoismus», «chinesischen Buddhismus» und «Konfuzianismus» sieht, und dies nicht als Angehöriger von drei Religionen, sondern *einer* gemeinsamen Religion. Insofern bestätigt dieser Blick über die Grenzen Europas hinaus in anderer Weise, was schon bei den vorhin genannten Kriterien angeklungen ist: Der abendländisch-alltagssprachliche Begriff Weltreligion weist nicht nur eine große Bandbreite an Interpretationen auf, sondern ist auch noch in einer weiteren Hinsicht problematisch, weil nämlich Religionen, die wir in der abendländischen Tradition mit dem vereinheitlichenden Etikett «Weltreligion» versehen, von Angehörigen dieser Religion nicht in jedem Fall als solche wahrgenommen werden müssen.

3. Zum Aufbau des Buches

Der Wandel und die Entwicklung von Religionen verhindern, dass man von einer festen oder abgeschlossenen Form einer Religion sprechen kann. Die Prozesse der Entstehung und historischen Entwicklung sollen daher in den einzelnen Kapiteln des Buches zunächst nachgezeichnet werden. Die geographische und chronologische Entfaltung einer Religion kann aber nicht isoliert von den theologischen Entwicklungen gesehen werden. Insofern muss man sich bei jeder Weltreligion immer auch in Erinnerung rufen, dass die Größe und das Alter einer Religion zu lokalen Besonderheiten bzw. zu innerreligiösem Pluralismus führen. Dies trägt zur Lebendigkeit (in positiver, befruchtender, aber auch im Laufe der Geschichte in negativer, einander be-

3. Zum Aufbau des Buches

kämpfender Weise) aller Religionen bei. In den folgenden Darstellungen soll jeweils eine solche Lokalentwicklung anhand eines Länderprofils vorgestellt werden. Damit wird gezeigt, dass die Rede von Weltreligionen nicht dazu verleiten darf, diese als einheitliche Gebilde zu betrachten. Ein weiterer Abschnitt geht jeweils auf kultische und ethische Verhaltensweisen der Gläubigen ein, d. h. auf die Form der Praxis, die bildlich gesprochen immer sowohl vertikal (zu Gott) als auch horizontal (zu den anderen Gläubigen) ausgerichtet ist. Religionen haben immer einen zentralen Gemeinschaftsbezug; ein Gläubiger ist nie für sich allein religiös, sondern steht in – unterschiedlich intensiver – Interaktion mit anderen Angehörigen seiner Religion. Andernfalls würde eine Religion als für uns historisch und empirisch fassbare (und damit beschreibbare) Größe verschwinden. Als historisch fassbare Größe haben Religionen geographische und kulturelle Räume stets mitgeprägt; dies soll am Schluss der Darstellung jeder Religion beispielhaft aufgezeigt werden.

Die Reihenfolge der sieben hier vorzustellenden Weltreligionen bedarf noch einer letzten einleitenden Erläuterung. Die genannten Kriterien – universeller Anspruch, Größe und geographische Verbreitung, Alter – spielen in den einzelnen Religionen eine unterschiedliche Rolle. Daher wären unterschiedliche Anordnungen möglich, wobei eine ausschließlich quantitativ orientierte Anordnung folgende klare, aber nicht besonders aussagekräftige Reihenfolge ergeben würde: Christentum, Islam, Hinduismus, Buddhismus, Daoismus, Judentum und Baha'i-Religion. Interessanter ist aber eine Anordnung, die dem Selbstverständnis der Religionen insofern Rechnung trägt, als hier darauf Rücksicht genommen werden soll, ab wann die jeweilige Religion einen universellen Anspruch nicht nur formuliert hat, sondern auch umzusetzen begann, um die Religion als Heilsweg für alle Menschen zu propagieren. Daraus ergibt sich folgende Reihenfolge: Buddhismus (ab 3. Jahrhundert v. Chr.), Judentum (1. Jahrhundert v. Chr.), Christentum (1./2. Jahrhundert), Daoismus (6./7. Jahrhundert), Islam (7. Jahrhundert), Baha'i-Religion (19. Jahrhundert) und Hinduismus (19./20. Jahrhundert).

Buddhismus

Zentrale Punkte der Darstellung des Buddhismus sind das Leben Buddhas und seine Lehren, wie sie sich aus der Predigt der vier edlen Wahrheiten und dem achtteiligen Pfad entfaltet haben. Symbolisch wird Buddhas Lehre oft durch das «Rad der Lehre» dargestellt, dessen acht Speichen an den achtteiligen Pfad, der zum Nirvana führt, erinnern. Aufgrund seiner sehr langen Präsenz in Asien hat der Buddhismus dort nicht nur drei große Hauptrichtungen entwickelt, deren kultische Praktiken und Lebensformen sich zum Teil unterscheiden, sondern auch die verschiedenen Bereiche nachhaltig kulturell mitgeprägt. Seit mehreren Jahrzehnten findet er aber auch in Europa und Nordamerika eine stetig wachsende Zahl von Anhängern. Diese Vielfalt soll daher ausgewogen berücksichtigt werden.

1. Leben und Lehre Gautama Siddharthas, des Buddha

Jede Beschäftigung mit dem Buddhismus hat vom Stifter Gautama Siddhartha, dem späteren Buddha, auszugehen. Denn er ist jene Gestalt, auf die sich alle Buddhisten berufen, unabhängig von der Schul- und Traditionszugehörigkeit. Die Lebenszeit des historischen Buddha dürfte entsprechend indischen Chroniken, die Buddhas Tod hundert Jahre vor dem Regierungsbeginn des Herrschers Ashoka ansetzen, etwa die Jahre 450 bis 370 v. Chr. – mit einem Spielraum von rund zehn Jahren – umfassen. Südostasiatische Buddhisten hingegen datieren Buddhas Nirvana auf das Jahr 543.

Über das Leben Buddhas sind wir nicht in allen Einzelheiten informiert, da die Quellen ihn in erster Linie als ideale Gestalt darstellen wollen, die die verkündete Religion in vollkommener Weise gelebt hat. Mögliche historische Aussagen lassen sich aus zeitgenössischen Normen und Strukturen der hinduistischen Gesellschaft erschließen. Buddha stammte aus einer lokalen Herrscherklasse, war verheiratet und zeugte einen Sohn, ehe er wahrscheinlich mit 29 Jahren seine Familie verließ, um als Asket nach der endgültigen Erlösung vom Leiden zu suchen. Dies dürfte wohl das Ergebnis einer länger dauernden religiösen Suche durch Meditation gewesen sein, während die immer wieder genannten vier Ausfahrten und die Begegnungen mit einem Greis, einem Kranken, einem Leichnam und einem Bettelmönch als Ergebnis ausschmückender Traditionsbildung zu bewerten sind. Nach sechsjährigem intensivem Bemühen um religiöse Entwicklung fand er in Bodhgaya die Erleuchtung.

Als Erleuchteter (Sanskrit *buddha*: «erleuchtet, erwacht») begab er sich nach Benares, wo er das «Rad der Lehre» in Bewegung setzte (*Tafel 1a*): Er verkündete die vier edlen Wahrheiten und den achtgliedrigen Pfad. Diese Wahrheiten besagen Folgendes: Alle Existenz ist leidvoll; Leiden entsteht aus dem Begehren; Leiden ist durch das Erreichen des Nirvana überwindbar; der achtgliedrige Pfad ist der Weg zum Nirvana. Dieses Grundkonzept der Lehre ist ein «Mittlerer Weg», der zwischen extremer Askese und Ausschweifung angesiedelt ist. Buddhas Anliegen wird man demnach nicht gerecht, wenn man seine Haltung zur Welt ausschließlich als negativ bezeichnet. Seine Betrachtung des irdischen Daseins als leidvoll und vergänglich geschah nicht aus einer grundsätzlich pessimistischen Weltsicht, sondern aus der Erkenntnis, dass es letztlich ein höheres Bewusstsein gibt, dem die Werte des gewöhnlichen Bewusstseins untergeordnet sind. Daraus ergab sich ein «realpolitischer Weg» Buddhas; er stand mit beiden Beinen «in der Welt». Noch zu Lebzeiten organisierte er seine Anhänger wenigstens in lockerer Weise, die Betonung eines Mittleren Weges bedeutete nicht «Weltfremdheit».

Ziel des buddhistischen Lebensweges ist die Erlangung des Nirvana. Buddha griff die im 7. Jahrhundert v. Chr. in Indien aufgekommene Lehre vom *karman*, dem «Gesetz der Tat und ihrer Folgen», sowie den Glauben an die Wiedergeburt auf, machte allerdings einen wesentlichen Unterschied gegenüber der Entfaltung dieser Vorstellungen in den Hindu-Religionen. Er leugnete nämlich die Existenz beharrender Substanzen in der Welt, wozu die weitere Tradition auch die Seele zählte. Dass dennoch der Eindruck entsteht, als ob es eigenständig existierende Phänomene gäbe, hängt mit dem Konzept des «Abhängigen Entstehens» (*pratityasamutpada*) zusammen. Innerhalb einer Kausalkette ergeben sich immer wieder neue Bedingungen, die nachfolgende Existenzweisen bestimmen. In dieser Sichtweise ist auch der Mensch keine eigenständige Größe, sondern die Summe von fünf unpersönlichen, unbeständigen Daseinselementen (*skandhas*). Diese Unbeständigkeit ist Ursache des Leidens, die erst durch das Nirvana beendet wird. Da im Nirvana auch die *skandhas* schwinden, existiert keine (individuelle) menschliche Komponente über den Tod hinaus. Diese abstrakten Vorstellungen wurden in der späteren Traditionsbildung in einer positiven Formulierung konkretisiert, indem das Nirvana als ein idealer Ort des Glücks und der Zufriedenheit beschrieben wurde. In Buddhas Lehre, die einen Weg zur Überwindung des Leidens weisen wollte, spielten Gottheiten keine Rolle, ohne dass er deswegen die Existenz von Göttern geleugnet hätte. Für ihn waren die einzelnen Götter genauso in die Welt des Leidens involviert wie die Menschen, so dass sie den Menschen in ihrem Streben nach dem Nirvana nicht als Helfer dienen konnten.

Buddhas Lehrtätigkeit in der Gangesebene dauerte rund viereinhalb Jahrzehnte. Begleitet wurde er von Anhängern, die als Mönche frei von irdischen Verflechtungen diesen Mittleren Weg mit ihrem Lehrer gehen wollten. Vor seinem Tod in Kushinagara hinterließ er seinen Anhängern die Lehre des «Mittleren Weges» als sein Erbe und als einzige Richtschnur, an der man sich im Bemühen, das Nirvana zu erlangen, orientieren sollte. Dieses Festhalten an der «Lehre» (*dharma*) bildet trotz Differenzen und Verästelungen bis heute das gemeinsame Identitätsband aller Buddhisten. – Nach seinem Tod wurde Gautama Buddha nach der damaligen Bestattungssitte verbrannt.

2. Historische Entwicklungen

Auf dem so genannten ersten Konzil von Rajagriha im ersten Jahr nach Buddhas Tod legten 500 Mönche Ordensregeln fest, wobei die darin fixierte Zugehörigkeit zur Mönchsgemeinde (*sangha*) eine gewisse Basis bildet, die bis heute – trotz geographischer und inhaltlicher Differenzierung – neben der Lehre ein Identitätselement für alle Buddhisten bildet. In der Lehrentwikklung markierte das dritte Konzil (ca. 250 v. Chr.) in Pataliputra, dem heutigen Patna in der indischen Gangesebene, einen entscheidenden Punkt: Durch fünf Thesen des Mönches Mahadeva wurde hier die elitäre Position mancher Mönche als «Heilige» (*arhant*) in Frage gestellt. Die Mehrzahl der am Konzil teilnehmenden Mönche votierte für Mahadeva, so dass sich seit diesem Zeitpunkt die «Anhänger der Lehre der Alten» und die Mönche der «Großen Gemeinde» (*mahasanghika*) gegenüberstanden. Damit hatte jene Entwicklung unwiderruflich begonnen, an deren Ende die drei großen buddhistischen Richtungen «Theravada», «Mahayana» und «Vajrayana» stehen.

a) Theravada-Buddhismus: Diese Richtung bezieht sich auf die Anhänger der «Lehre der Alten» (*theravada*). Gelegentlich bezeichnet man sie auch als «Hinayana» («kleines Fahrzeug»), doch handelt es sich dabei um einen von Anhängern der «Großen Gemeinde» geprägten Vorwurf, dass das «kleine Fahrzeug» nur für wenige elitäre Mönche einen Weg zum Nirvana biete. Rund ein Jahrtausend lang existierten unterschiedliche Schulrichtungen. Die «Theravada-Richtung» hat als einzige bis in die Gegenwart Bestand. Als allgemeine Charakteristik ist festzuhalten, dass sich diese Richtung – mit den Texten des Pali-Kanons als weithin verbindlichen religiösen Schriften – relativ eng an die Lehren Buddhas hält. Dies zeigt sich in der bis in die Gegenwart andauernden Wertschätzung der Mönche, die als einzige bereits am Ende dieses Lebens die Möglichkeit haben, das Nirvana zu erlangen. Nonnen sowie männliche und weibliche Laien müssen zunächst als Mönch ordiniert werden, um auf dem Heilsweg weiterzukommen. Die Befolgung ethischer Prinzipien ist dafür

Tafel I: Ausgewählte Texte zum Buddhismus

a) Die vier edlen Wahrheiten (Mahavagga I, zitiert nach H. Oldenberg: Reden des Buddha. Lehre, Verse, Erzählungen, Freiburg 1993, 95 f.).

«Dies, ihr Mönche, ist die edle Wahrheit vom *Leiden*. Geburt ist Leiden, Alter ist Leiden, Krankheit ist Leiden, Tod ist Leiden, mit Unliebem vereint sein ist Leiden, von Liebem getrennt sein ist Leiden, nicht erlangen, was man begehrt, ist Leiden: kurz die fünferlei Objekte des Ergreifens sind Leiden.

Dies, ihr Mönche, ist die edle Wahrheit von der *Entstehung des Leidens*: es ist der Durst, der zur Wiedergeburt führt, samt Freude und Begier, hier und dort seine Freude findend: der Lüstedurst, der Werdedurst, der Vergänglichkeitsdurst.

Dies, ihr Mönche, ist die edle Wahrheit von der *Aufhebung des Leidens*: die Aufhebung dieses Durstes durch restlose Vernichtung des Begehrens, ihn fahren lassen, sich seiner entäußern, sich von ihm lösen, ihm keine Stätte gewähren.

Dies, ihr Mönche, ist die edle Wahrheit vom *Wege zur Aufhebung des Leidens*: es ist dieser edle achtteilige Pfad, der da heißt: rechtes Glauben, rechtes Entschließen, rechtes Wort, rechte Tat, rechtes Leben, rechtes Streben, rechtes Gedenken, rechtes Sichversenken.»

b) Ethische Regeln (Suttanipata II, zitiert nach H. Oldenberg, ebd., 357).

«Kein lebendes Wesen töte er; er nehme nicht fremdes Gut; er rede nicht die Unwahrheit; er trinke keinen Rauschtrank; der Unkeuschheit entsage er, der geschlechtlichen Lust.

Und nachts, zur unrechten Zeit, genieße er keine Speise. Er trage keinen Kranz und entsage Wohlgerüchen; auf dem Bett oder auf dem Erdboden liege er auf ausgebreiteter Decke.»

c) Aus dem Herzsutra (zitiert nach M. von Brück: Weisheit der Leere, Zürich 1989, 239 f.).

«Hier (gilt): Form ist Leere, und Leere ist ebenso Form. Form ist nicht verschieden von Leere, Leere ist nicht verschieden von Form. Was Form ist, das ist Leere, was Leere ist, das ist Form. Das gilt ebenso für Gefühl, Wahrnehmung, Willensimpuls und Bewusstsein. [...]

Die Vollkommenheit der Weisheit ist das große Mantra, das Mantra des großen Wissens, das unvergleichliche Mantra, das die Dualität transzendierende Mantra, das alle Leiden stillende Mantra, Wahrheit, weil ohne jeden Fehl.»

ebenfalls erforderlich (*Tafel 1b*). Bis zu Beginn des zweiten Jahrtausends lebten Theravada- und Mahayana-Buddhisten im Gebiet der heutigen Staaten Indien, Pakistan und Afghanistan, aber auch auf Sri Lanka sowie in den Ländern des südostasiatischen Festlandes nebeneinander. Während der Buddhismus insgesamt vom indischen Subkontinent etwa im 12. Jahrhundert durch das Erstarken des Islam verdrängt wurde, wurden die Länder Südostasiens (v. a. Myanmar, Thailand, Laos und Kambodscha) etwa im 13. Jahrhundert durch Theravada-Mönche, die die Sympathie der politischen Machthaber hatten, fast flächendeckend für diese buddhistische Richtung gewonnen, ähnlich wie auch Sri Lanka. Bis in die Gegenwart ist in diesen Staaten der Theravada-Buddhismus die vorherrschende Religion.

b) Mahayana-Buddhismus: Noch in vorchristlicher Zeit entwickelten sich aus den Anhängern der «Großen Gemeinde» verschiedene Richtungen, die man unter dem Sammelbegriff «Mahayana», das «Große Fahrzeug», zusammenfasst. Dieses soll – anders als das «kleine Fahrzeug» – allen Menschen auf dem Weg zum Nirvana Platz bieten. Damit ist im Mahayana der Heilsweg für Laien grundsätzlich offen, obwohl die Zahl der Mönche auch im Mahayana-Buddhismus immer groß war.

In folgenden Punkten unterscheidet sich der Mahayana-Buddhismus deutlich vom Theravada: Zunächst ist das Ideal des Bodhisattva hervorzuheben, d. h. einer Person, die auf dem Weg zur Buddhaschaft und Erleuchtung ist, aber aufgrund von Mitleid und Liebe auf das Erreichen des Nirvana verzichtet, um allen Lebewesen zur Erlösung zu verhelfen. Diese Erlösungsmittler als Helfer auf dem Weg zum Nirvana sind zum Teil Neuinterpretationen von Göttern jener Völker, mit denen der missionierende Buddhismus in Berührung kam. Jeder Buddhist ist in der Lage, ein solcher Bodhisattva zu werden. Ferner spielen im Mahayana-Buddhismus Götter eine Rolle, so dass sich ein buddhistisches Pantheon herausbildete, an dessen Spitze die transzendenten Buddhas standen. Mit dem historischen Lehrer Gautama Buddha sind diese Buddhas durch die Drei-Körper-Lehre als Kernstück der Mahayana-Dogmatik verbunden. Bei dieser Systematisierung steht der *dharmakaya* («Körper der Lehre») an der Spitze, ihm entströmen einzelne transzendente Buddhas bzw. Bodhisattvas. Der historische Buddha und die historischen Bodhisattvas repräsentieren die unterste Ebene des *nirmanakaya*, («Erscheinungskörper»). Zwischen diesen beiden Ebenen ist der *sambhogakaya* («Körper der Wonne») angesiedelt. Mit dieser dogmatischen Setzung ist eine Weiterentwicklung der ontologischen Lehrinhalte verbunden, so spielen im Mahayana-Buddhismus Begriffe wie «Leerheit/Leere» (*shunyata*) bzw. «Soheit» (*tathata*), die teilweise als Synonyme für das Nirvana angesehen werden, eine wichtige Rolle. Um die Leerheit zu erkennen, bedarf es auch der Weisheit (*prajna*), die durch Meditation, aber auch durch das Studium zentraler religiöser Texte des Mahayana erworben werden kann. Zu diesen Texten gehören u. a. die *Sutren der vollkommenen Weisheit*, das *Sutra des Lotos vom wahren Dharma* (Lotos-Sutra), das v. a. in Ostasien äußerst populär ist, aber auch beispielsweise das *Sutra vom Sukhavati-Paradies* sowie das so genannte *Herzsutra* (*Tafel 1c*); der kurze Text ist für Meditation und Rezitation bestens geeignet. Hervorragende Mahayana-Buddhisten des 1. Jahrtausends, deren Bedeutung für die systematische Lehrentwicklung keineswegs unterschätzt werden kann, waren u. a. Nagarjuna (2. Jahrhundert) als Begründer der Madhyamika-Schule, Asanga und Vasubandhu (beide 4. Jahrhundert) als Urheber der Yogacara-Schule, der Logiker Dharmakirti (7. Jahrhundert) sowie Shantideva (8. Jahrhundert), der ein Kompendium der Bodhisattva-Theorie und -Praxis verfasste. Das bedeutendste geistige Zentrum für die Lehrentwicklung des Buddhismus in der zweiten Hälfte des 1. Jahrtausends war der Ort Nalanda im heutigen Bundesstaat Bihar in Indien, an dem Mahayana- und Theravada-Denker sich im wechselseitigen Lehrdisput befruchteten.

Weitere Impulse zur Entfaltung der Mahayana-Lehre gingen von der geographischen Verbreitung über die Grenzen Indiens und der damit verbundenen Begegnung mit anderen Kulturen aus. Übersetzer brachten entlang der Seidenstraße seit dem 2. Jahrhundert buddhistische Lehren nach China. Wichtige Übersetzer wie Kumarajiva (344/50–413) orientierten sich am

2. Historische Entwicklungen

literarischen Stil der chinesischen Hochsprache und zum Teil an daoistisch geprägten Begriffen. Da buddhistische meditative Praktiken und daoistische Techniken von Körperbeherrschung und Atemkontrolle als komplementär verstanden wurden, konnte sich in China innerhalb des Mahayana mit dem Chan-Buddhismus seit dem 6. Jahrhundert unter Bodhidharma (ca. 470–543) eine besondere Schulrichtung etablieren. China wurde dadurch seit der Mitte des 1. Jahrtausends zu einer entscheidenden Drehscheibe für die Weiterentwicklung des Buddhismus, wobei der stete Rückbezug und gedankliche Austausch mit Indien als «Mutterland» gesucht wurde, wie aus den Berichten chinesischer Indienpilger wie Faxian (5. Jahrhundert) oder Xuanzang (ca. 600–664) deutlich wird. Als Ergebnis sind noch weitere Systematisierungen des Mahayana-Buddhismus in verschiedenen Schulen zu nennen: Zhiyi (538–597) gründete die Tiantai-Schule; für ihn war im Lotos-Sutra die Summe aller Lehren Buddhas enthalten, während andere religiöse Schriften des Buddhismus lediglich vorläufigen Charakter hatten. Aufgrund dieser Wertschätzung in der Tiantai-Schule spricht man manchmal vom Lotos-Sutra als der «Bibel Ostasiens». In der Tat hat das Lotos-Sutra als religiöser Text für viele ostasiatische Buddhisten bis in die Gegenwart eine überragende Bedeutung.

Auch die Jingtu-Schule hat sich in China entfaltet: Im – bereits indischen – Sukhavativyuha-Sutra wird erzählt, dass der transzendente Buddha Amitabha gelobt hat, alle Wesen zur Wiedergeburt im Sukhavati-Paradies zu führen, wenn sie vertrauensvoll seinen Namen anrufen. Im Sukhavati-Paradies erlangen alle Lebewesen direkt das Nirvana. Diese Heilsvorstellung, die von der hinduistischen Bhakti-Frömmigkeit mit der wechselseitigen Liebe von Gott und Mensch, die zur Erlösung führt, beeinflusst war, wurde besonders im 7. Jahrhundert in China rezipiert und systematisch in der Jingtu-Schule der Verehrung des Buddha Amitabha entfaltet.

Zur Weiterentwicklung der Mahayana-Schulen trägt auch der chinesische Kulturtransfer nach Korea und Japan bei. In beiden Ländern gewann der Buddhismus seit dem 7./8. Jahrhundert eine größere Anhängerschaft. Buddhisten beider Länder zogen immer wieder zu Studienzwecken nach China; erwähnt seien die beiden koreanischen Mönche Wonhyo (617–686) und Uisang (625–702). In Japan entwickelte zunächst besonders die Idee des Mitleids mit allen Lebewesen eine große Anziehungskraft, Anfang des 9. Jahrhunderts wurde – mit dem Berg Hiei in der Nähe der heutigen Stadt Kyoto als Zentrum – die Tendai-Schule als japanische Fortentwicklung der chinesischen Tiantai-Schule dominierend, verlor aber in der Mitte des 11. Jahrhunderts ihren Einfluss. Während der Kamakura-Periode im 13. Jahrhundert setzte eine Erneuerung des Buddhismus ein, indem jene großen Richtungen ihr spezifisch japanisches Gepräge erhielten, das bis heute die Gesellschaft mitbestimmt: Die chinesische Jingtu-Schule des «Reinen Landes» wurde in Japan als Amida-Buddhismus v. a. in den beiden Ausprägungen durch Honen Shonin (1133–1212) und seinen Schüler Shinran Shonin (1173–1262) äußerst populär. Als der Tendai-Mönch Eisai (1141–1215) auf einer China-Reise mit dem dortigen Chan-Buddhismus bekannt wurde, führte er – zunächst noch im Kontext der Tendai-Richtung – die Praxis der Chan-Meditation im Hocksitz sowie das Rezitieren von Koans ein. Damit war der Transfer dieses Meditationsbuddhismus – in Japan als «Zen» bezeichnet – eingeleitet; dieser wurde durch den ebenfalls in einem Tendai-Tempel ausgebildeten Dogen (1200–1253) fortgeführt. Als dritter zeitgenössischer japanischer Buddhist der Tendai-Tradition ist Nichiren (1222–1282) zu erwähnen, der für eine – teilweise radikale – Neuinterpretation des Lotos-Sutras viele Anhänger finden konnte. Er propagierte einen «einfachen» Weg, nicht komplexe Riten oder langandauernde Meditationen. Bereits die Rezitation des «Titels» des Lotos-Sutras helfe entscheidend weiter im Streben nach Nirvana. Ferner betonte Nichiren – ungleich stärker als andere Richtungen – den innerweltlichen Nutzen der buddhistischen Religion für Japan und alle, die sich seiner Interpretation des Lotos-Sutras anschlossen.

An der Seidenstraße als Landweg von Indien über Zentralasien nach China verloren die verschiedenen Mahayana-Richtungen seit dem letzten Viertel des 1. Jahrtausends an Bedeutung, als sich von West nach Ost der Islam dort zu entfalten begann. Über den

2. Historische Entwicklungen

Seeweg erreichten indische Buddhisten bereits seit dem frühen 1. Jahrtausend den südostasiatischen Raum, wobei – neben der Verbreitung von Theravada-Strömungen – auch Indonesien für den Mahayana-Buddhismus gewonnen werden konnte. In diesem indisch beeinflussten Kulturraum wurden hinduistische Götter in die Lokalformen des Mahayana-Buddhismus integriert. Indonesien geriet allerdings seit dem 12./13. Jahrhundert in das Blickfeld arabischer Händler, so dass spätestens in der Mitte des 2. Jahrtausends auf diesen Inseln ein religiöser Wandel abgeschlossen war, indem Indonesien sich weitgehend dem Islam zuwandte. Als im 19. Jahrhundert Chinesen aus wirtschaftlichen Gründen auf den indonesischen Hauptinseln Fuß fassten, kehrte mit ihnen auch der Buddhismus dorthin zurück.

c) Vajrayana-Buddhismus: Die dritte Ausprägung des Buddhismus ist der Vajrayana-Buddhismus, das «Diamant-Fahrzeug». Hinsichtlich der zentralen Lehrinhalte (verschiedene Buddhas, Bodhisattvas) ist der Vajrayana-Buddhismus eine Spätform des nordindischen Mahayana. In einem weiteren Sinn gehört die chinesische Zhenyan-Schule (seit dem 8. Jahrhundert) bzw. die damit verbundene japanische Shingon-Schule dazu. Im engeren Sinn denkt man bei Vajrayana-Buddhismus in erster Linie an den tibetischen Buddhismus, v. a. in jener Form, die er zunächst durch den nordindischen Tantriker Padmasambhava (8. Jahrhundert) und in der «Schule der Alten» (Nyingmapa) erhalten hat. Die Verbindung der philosophischen Vorstellungen der Madhyamika-Schule mit geheimen Ritualen, Beschwörungen und Heilpraktiken, die seit langem in Tibet beheimatet waren, ist charakteristisch für diese Form des Buddhismus. Ferner werden die – eigentlich in der Theravada-Tradition verankerten – Ordensregeln des Pali-Kanons geschätzt, die der aus Bengalen in Indien stammende Mönch Atisha (982–1054) in Tibet bekannt machte, wodurch die Kadampa-Richtung entstand. Eine Ordensreform unter Tsongkhapa (1359–1419) entwickelte daraus die «Tugend-Schule» (Gelugpa) mit dem Dalai Lama («Ozean der Weisheit») als Oberhaupt. Dieser Ehrentitel wurde dem Führer der Gelugpa im Jahr 1578 vom Mongolenkhan verliehen,

Tafel 2: Zeittafel zum Buddhismus

um 370 v. Chr.	Buddhas Tod (Eingehen ins Parinirvana)
um 250	Drittes buddhistisches Konzil in Pataliputra
2. Jh.	Früheste Weisheitssutren (*prajnaparamita*)
Ende 1. Jh.	Schriftliche Aufzeichnung des Pali-Kanons
1. Jh. n. Chr.	Beginn der Verbreitung des Buddhismus nach Zentralasien und nach China
2. Jh.	Nagarjuna begründet die Madhyamika-Schule des Mahayana.
um 280	Entstehung des Lotos-Sutra
4./5. Jh.	Vasubandhu und Asanga begründen die Yogacara-Schule.
6. Jh.	Unter Bodhidharma (ca. 470–543) entsteht der Chan-Buddhismus in China.
538–597	Zhiyi gründet die Tiantai-Schule in China.
552	Erstmalige Ankunft einer budd. Gesandtschaft in Japan
7. Jh.	Entstehung der Jingtu-Schule (Reines Land) in China
7. Jh.	Xuanzang und I-tsing bringen von ihrer Indienreise Texte nach China.
747	Padmasambhava bringt tantrischen Buddhismus (Vajrayana) nach Tibet.
8./9. Jh.	Blüte des Buddhismus in Indonesien (Borobudur)
805	Etablierung der Tendai-Schule in Japan (Berg Hiei)
982–1054	Atisha führt Ordensregeln des Pali-Kanons des Theravada-Buddhismus in Tibet ein.
11. Jh.	Marpa (1012–1096) und Milarepa (1052–1135) gründen die Kagyüpa-Richtung in Tibet.
1133–1212	Honen Shonin: «Reine Land Schule» in Japan
1141–1215	Eisai: Rinzai-Zen in Japan
1173–1262	Shinran Shonin: «Wahre Schule des Reinen Landes»
um 1200	Buddhismus verschwindet aus Indien.
1200–1253	Dogen: Soto-Zen in Japan
1222–1282	Nichirens Wirken in Japan zur Verbreitung des Lotos-Sutra
13./14. Jh.	Theravada-Buddhismus flächendeckend in Südostasien
14. Jh.	Kanonisierung von Kanjur und Tanjur in Tibet
1407	Tsongkhapa gründet in Tibet die Gelugpa-Richtung.
1642	Der 5. Dalai Lama wird spiritueller und politischer Herrscher Tibets.
1891	Gründung der Mahabodhi Society durch Anagarika Dhammapala zur Revitalisierung des Buddhismus in Indien
1959	Der 14. Dalai Lama flieht aus Tibet.
1987	Organisatorische Neustrukturierung der «Deutschen Buddhistischen Union»
2000	Internationale Anerkennung des Vesakh-Tages durch die Vereinten Nationen (Resolution 54/115).

und seit der Mitte des 17. Jahrhunderts ist der Dalai Lama auch das politische Oberhaupt Tibets; als Inkarnation des (transzendenten) Bodhisattva Avalokiteshvara gilt er als Beschützer Tibets. – Neben der wichtigen Gelugpa-Tradition gibt es noch andere Schulrichtungen: So die zahlenmäßig kleine klösterliche Sakyapa sowie die «Schule der Anhänger der übermittelten Gebote» (Kagyüpa), die von Marpa (1012–1096) gegründet und durch den Asketen und «Wundertäter» Milarepa (1052–1135) entscheidend geprägt wurde. Da Marpa und Milarepa Laien waren, spielen in dieser Richtung des tibetischen Buddhismus Laien eine große Rolle.

Durch die politischen Beziehungen zwischen Tibet und der Mongolei ist diese Form des Vajrayana-Buddhismus auch unter den Mongolen verbreitet, im kleinen Himalaya-Königreich Bhutan ist der Vajrayana-Buddhismus heute Staatsreligion. Auch in Nepal und im nordwestindischen Bundesstaat Ladakh leben viele Vajrayana-Buddhisten.

3. Praxis und Lebensgestaltung

a) Mönche und Laien: Die buddhistische Gemeinschaft (*sangha*) setzt sich aus Mönchen und Nonnen sowie männlichen und weiblichen Laien zusammen. Diese Struktur gilt grundsätzlich für alle buddhistischen Richtungen, allerdings ist in der Theravada-Tradition der Mönch (und mit Abstrichen die Nonne) dem Laien deutlich vorgeordnet, so dass das Leben als Mönch ein bevorzugtes Ziel ist, ohne dass jedoch ein lebenslanges Gelübde geleistet werden muss. Laien gewinnen ihr Heil und spirituelles Verdienst (*punya*) durch Belehrung von Seiten der Mönche sowie durch Gaben (*dana*) an die Mönche bei deren alltäglichem Almosengang. Diese Lebensweise macht die Mönche frei für Studium und Meditation, woraus sich bereits frühzeitig die Klosterstruktur entwickelte, deren Bedeutung als Kultur-, Bildungs- und Wirtschaftsfaktor in den Theravada-Ländern und in Tibet außerordentlich groß war.

In den Mahayana-Richtungen sind die Unterschiede zwischen Mönchen und Laien für das Nirvana nicht relevant. Begründet ist dies durch die Lehre von der Leerheit (*shunyata*), die solche Differenzen irdisch-gesellschaftlicher Art minimiert. Dementsprechend sind Mahayana-Mönche nicht von den Gaben der Laien, sondern von der eigenen Arbeit abhängig. Genauso können Laien selbst als buddhistische Lehrer wirken und ihr Leben so gestalten, dass sie potenziell ein Bodhisattva werden, der durch Mitleid anderen Lebewesen hilft.

b) Ethik: Buddha wird folgende Aussage zugeschrieben: «Alles Böse meiden, das Gute tun und das eigene Herz läutern – das ist die Lehre der Buddhas.» Damit ist ausgedrückt, dass aus der Lehre eine Praxis folgen muss, die der Erlangung des Nirvana dient, aber auch Vorbedingung für Meditation ist. Den allgemeinen Kern buddhistischer Ethik bilden «fünf Vorsätze oder Gelübde» (*pancasila*) für Laien. Mönche und Nonnen haben noch weitere Vorschriften einzuhalten, die an buddhistischen Feiertagen teilweise auch von Laien befolgt werden. Weitere ethische Werte wie Güte (*maitri*), Mitleid (*karuna*), Freigebigkeit (*dana*) oder Sittlichkeit im Allgemeinen (*sila*) können davon abgeleitet werden. Aus solchen Grundsätzen der Ethik verbietet sich für Buddhisten der Handel mit lebenszerstörenden Gegenständen wie Waffen oder Gift sowie die Ausübung gewisser Berufe, bei denen Lebewesen getötet oder unterdrückt werden. Unterschiedlich interpretiert wird die Frage des Fleischgenusses; ausgehend von einer frühen Praxis, dass Fleisch von Mönchen gegessen werden darf, falls das Tier nicht zum Zweck der Speisung des Mönches geschlachtet wurde, hat sich im Buddhismus nie ein strikter Vegetarismus durchgesetzt.

c) Meditation: Buddhistische Meditation ist ein Sammelbegriff für unterschiedliche Übungen, die das Ziel haben, den Übenden zum Zustand der Erleuchtung zu führen. Buddhaghosa (5. Jahrhundert) hat mit dem *Visuddhimagga*, dem «Weg zur Reinheit», ein umfangreiches Kompendium zur Meditation vorgelegt, das hohes Ansehen genießt. Allgemein lassen sich im Theravada zwei zentrale Typen von Meditation unterscheiden: *samatha-bhavana* soll – unter Kontrolle des Ein- und Ausatmens – zur Beruhigung des Geistes führen, während *vipassana-bhavana* das plötzliche Aufblitzen der Erkenntnis der buddhistischen Heilszusammenhänge ermöglichen soll. Beide heute gängigen Meditationspraktiken sind erst seit Beginn des 20. Jahrhunderts wieder aktualisiert worden, nachdem zuvor rund ein halbes Jahrtausend lang Meditation im Theravada kaum eine Rolle gespielt hatte. Erst mit der «Wiederentdeckung» der Meditation kam es auch zur umfangreichen Rezeption dieser religiösen Praxis durch Laien.

In den Mahayana-Richtungen werden solche Formen ebenfalls praktiziert, man bedient sich dabei aber auch besonderer «Meditationshilfen». In dem oft als «Meditationsbuddhismus» schlechthin charakterisierten Chan- bzw. Zen-Buddhismus dienen Koans und Sutrenverse als solche Hilfen. Koans sind Aussprüche oder Aphorismen, deren Inhalt sich gegen jegliche intellektuelle Deutung sperrt. Erleuchtung wird durch ein plötzliches intuitives Aufblitzen des Geistes erlangt. Koans spielen in der unter der japanischen Bezeichnung Rinzai-Zen bekannten Richtung eine große Rolle. Die andere große Richtung (japanisch: Soto-Zen) betont hingegen das bloße Sitzen im Hocksitz (japanisch: *za-zen*) als beste Form, den Geist zu beruhigen, um Erleuchtung zu erfahren. Außerhalb der Chan-/Zen-Traditionen gilt in verschiedenen Mahayana-Richtungen auch das unablässige Rezitieren kurzer Sutrentexte (z. B. das *Herzsutra*) als Meditation. Im Nichiren-Buddhismus gilt als entsprechendes Meditationsmantra die Formel «Verehrung dem Lotos-Sutra des wunderbaren Gesetzes». In den unterschiedlichen Schulen des «Reinen Landes» hat die ständig wiederkehrende Anrufung «Verehrung dem Buddha Amida» meditative Funktion.

Eine besondere Meditationsform innerhalb des Vajrayana-Buddhismus sind sogenannte Visualisierungen. Der Übende lässt – teilweise unter Zuhilfenahme von Mantren oder Mandalas, d. h. Kosmogrammen, die den fortschreitenden Weg zur Erleuchtung symbolisieren – vor seinem Geist Gottheiten erscheinen, die ihn stufenweise zur Realisierung der Leerheit führen, so dass er alles Anhaften an der Unbeständigkeit der Welt überwindet. Damit hängt auch die Meditationspraxis des Streuens von Sandmandalas zusammen.

d) Feiertage: Der Mondkalender strukturiert im Wesentlichen den kultischen Kalender, wobei alle wichtigen Feste auf einen Vollmondtag fallen. Ebenfalls charakteristisch ist, dass bedeutende Feste jeweils an ein Ereignis im Leben des Buddha erinnern. Vesakh ist das Hauptfest, das zu Vollmond im Mai gefeiert wird. In der Theravada-Tradition werden mit dem Fest drei Ereignisse verbunden, nämlich Buddhas Geburt, seine Erleuchtung und sein Eingehen in das Nirvana. Rezitationen aus den Pali-Texten, Lehrunterweisungen, aber auch Prozessionen finden an diesem Fest statt. Auch Mahayana-Buddhisten feiern Vesakh, allerdings gedenken sie bei dem Fest nur der Geburt Buddhas. Seine Erleuchtung wird von ihnen gesondert zelebriert, nämlich am so genannten Bodhi-Tag im Dezember, und Buddhas Eingehen ins Nirvana im Februar. Solche unterschiedlichen Festtermine und -inhalte zeigen nicht nur einen innerreligiösen Pluralismus, der Weltreligionen kennzeichnet, sondern zugleich Lokaltraditionen: Denn in Japan wird die Feier von Buddhas Nirvana zugleich mit dem – ursprünglich nicht-buddhistischen – Ahnengedächtnis verbunden.

Für den Theravada-Buddhismus ist die «Regenzeit», die in Indien etwa von Juli bis Oktober dauert, seit den Anfängen eine Zeit des religiösen Studiums. Laien wählen in dieser Periode zeitweilig den Stand eines Mönches oder einer Nonne, um spirituelles Verdienst zu gewinnen. Beendet wird diese Periode mit der Kathina-Zeremonie: Dabei überreichen Laien den Mönchen feierlich neue Roben. – Ein weiterer religiöser Fixpunkt im Kloster sind die monatlichen Uposatha-Tage, die den Mondphasen entsprechen. Traditionell versammelten sich die Mönche, um sich gegenseitig die Verstöße gegen die Ordensvorschriften in ritualisierter Form zu gestehen. Die verpflichtende Teilnahme daran festigte zugleich die Ordensgemeinschaft. Im gegenwärtigen Theravada-Buddhismus nehmen auch Laien an diesen Feiern vor allem an Vollmond teil.

Im Mahayana-Buddhismus gibt es eine Vielzahl anderer schulabhängiger Feste, deren Ausgangspunkt ein Bodhisattva oder Heiliger ist. Auch Schulgründer, z. B. Padmasambhava, Tsongkhapa, Bodhidharma oder Shinran Shonin, sind Fokussierungspunkte solcher Feste. Ebenfalls erwähnt seien lokale, ursprünglich nicht-buddhistische Neujahrsfeste, die zwar mit buddhistischen Inhalten gefüllt wurden, deren unterschiedliche Daten jedoch deutlich erkennen lassen, dass es sich nicht um genuin buddhistische Feste handelt.

4. Die kulturprägende Kraft

Ein großer Teil der Kultur Süd- und Südostasiens sowie Zentral- und Ostasiens ist bis heute buddhistisch geprägt, sowohl in kunstgeschichtlicher als auch in gesellschaftlicher Hinsicht. Der größte buddhistische Kultbau der Welt, die Tempelanlage von Borobudur auf der Insel Jawa, liegt heute auf dem Staatsgebiet Indonesiens, dessen Bevölkerung mehrheitlich dem Islam angehört. Buddhistische Kultbauten wie Stupas – ursprünglich Reliquienschreine – oder Pagoden sind aus dem Landschaftsbild vieler asiatischer Länder nicht wegzudenken, und buddhistische Wallfahrtsorte trugen zur Entwicklung der Infrastruktur bei. Japanische Gartenkunst, Kalligraphie und Teezeremonien sind ihrerseits nicht unabhängig vom Gedankengut des Zen-Buddhismus zu ihrer Blüte gelangt, auch manche der ostasiatischen Kampfkünste wurden aus dem Geist des Buddhismus heraus modifiziert und so zu Techniken der Überwindung des Selbst. Motive aus den buddhistischen Jatakas, Erzählungen über die früheren Geburten Buddhas, sind in Literaturen außerhalb des buddhistischen Raumes weitertradiert worden, und die im Mittelalter beliebte christliche Legende Barlaam und Joasaph ist unverkennbar die mehrfach gebrochene Widerspiegelung der Erzählung von Buddhas Suche nach Erleuchtung.

Vor diesem Hintergrund ist es verständlich, dass viele asiatische Länder bis in die Gegenwart auf unterschiedliche Weise buddhistisch geprägt sind. Dass der Inselstaat Sri Lanka den singhalesischen Buddhisten eine höhere Position zubilligt als den hinduistischen Tamilen, mag nicht ganz im Sinne des ursprünglichen Buddhismus sein, der gerade durch die Überwindung von Kasten- und Volksgrenzen in seiner Entstehungszeit ein Proprium bildete. Die Regierungen Thailands und Myanmars (*Ta-*

Tafel 3: Der Buddhismus in Myanmar

Myanmar ist seit 1974 eine sozialistische Republik und wird von einer Militärregierung beherrscht. Auf einer Fläche von 676 500 km² hat das Land 51,5 Millionen Einwohner (2014); die wichtigsten Ethnien sind Birmanen (69%), Shan (8,5%), die zum Großteil christlichen Karen (6,2%) sowie die Rohingyas (4,5%) im Grenzgebiet zu Bangla Desh, die mehrheitlich dem Islam angehören. Insgesamt gehören rund 87% der Gesamtbevölkerung dem Theravada-Buddhismus an.

Nach der Legende soll der Buddhismus bereits in vorchristlicher Zeit das Gebiet des heutigen Staates erreicht haben, erste verlässliche Spuren für den Buddhismus (und Hinduismus) datieren aus den ersten Jahrhunderten n. Chr. unter den Königreichen der Pyu und Mon, deren Einflussgebiet sich teilweise bis in das heutige Thailand erstreckte. In der Pagan-Periode (ca. 800–1300) hat der Buddhismus eine Blüte erlangt, wobei am Ende dieser Zeit sich der Theravada-Buddhismus als die praktisch flächendeckend dominierende Richtung durchgesetzt hat. Buddhistische Neuerungen, die teilweise in Reaktion auf den Beginn der britischen Kolonialherrschaft seit der Mitte des 19. Jahrhunderts entstanden sind, schenken buddhistischen Meditationspraktiken große Aufmerksamkeit, wobei als Besonderheit für den Theravada-Kontext auch Laien als Meditationslehrer aktiv werden. Das Studium der Texte des Pali-Kanon ist dabei mit der Praxis der Lebensführung verbunden, wobei Lehrer wie U Ba Khin (1899–1971) oder Mahasi Sayadaw (1904–1982) nicht nur mit der Wiedererlangung der Unabhängigkeit des Landes im Jahr 1948 Einfluss auf politische Führer gewannen, da man den Wert des Buddhismus für den nationalen Aufbau des Landes einsetzen konnte, sondern – mit internationalen Schülern – auch außerhalb Myanmars buddhistische Meditationszentren errichteten, was die Verbreitung des burmesischen Theravada-Buddhismus förderte. Ferner brachte das sechste buddhistische Konzil, das im Jahr 1956 – nach traditioneller theravada-buddhistischer Zählung 2500 Jahre nach Buddhas Eingehen in das Nirvana – in der Hauptstadt Yangon stattfand, dem burmesischen Buddhismus großes Ansehen in der buddhistischen Welt. Die Zeit der Militärherrschaft von 1962 bis zum Beginn der Reformbewegungen seit den Wahlen 2010 brachte Einschränkungen hinsichtlich der Religionsfreiheit, indem buddhistische Mönche und Laien von den Machthabern kontrolliert und teilweise verfolgt wurden. Die politische Entwicklung des Landes der letzten Jahre ermöglichte Buddhisten vermehrt, sich auch zivilgesellschaftlich zu engagieren. Jedoch ist auch das Aufkommen extremistischer Strömungen, die vor allem gegen die Muslime in Myanmar agieren, zu verzeichnen.

fel 3) versuchen in unterschiedlicher Weise, die Verbindung von staatlicher und religiöser Autorität zum Nutzen der eigenen Politik zu fördern. Dass die Volksrepublik China den Buddhismus ebenfalls für politische Zwecke benutzt, zeigt sich nicht zuletzt in den Spannungen mit Tibet. So bestreitet die Volksrepublik China die Eigenständigkeit des tibetischen Buddhismus einschließlich der damit verbundenen politischen Souveränität Tibets. In der Mongolei gewinnt der Vajrayana-Buddhismus nach dem Zusammenbruch des Kommunismus am Ende der 80er Jahre des 20. Jahrhunderts wieder an Bedeutung. All diese Beispiele zeigen, dass der Buddhismus nach wie vor in weiten Teilen Asiens eine große gesellschaftsbestimmende Rolle zu spielen vermag.

Bereits seit dem späten 19. Jahrhundert haben Reformströmungen eingesetzt, die die Verbindung von Buddhismus und moderner Welt vorbereitet haben. Im Rahmen dieser Reformbemühungen kam es in Indien zu Versuchen, den Buddhismus nach rund 800 Jahren wieder zu beleben, vor allem aber bereiteten diese Reformbemühungen den Boden dafür, dass der Buddhismus als gelebte Religion auch in Europa und Nordamerika – besonders im letzten halben Jahrhundert – zunehmend Anhänger gewinnt. Diese werden durch asiatische Buddhisten, die aufgrund von Globalisierung, Flucht oder Migration in der westlichen Hemisphäre eine neue Heimat suchen, ergänzt. So leben derzeit in Deutschland rund 60 000 vietnamesische Buddhisten, etwa 25 000 Buddhisten aus Thailand sowie weitere 30 000 aus anderen asiatischen Ländern. Etwa 50 000 Deutsche sind Anhänger des Buddhismus. Weltweit können rund 400 Millionen Menschen einer der verschiedenen buddhistischen Richtungen und Gemeinden zugerechnet werden.

Judentum

Die Wurzeln des Judentums als Religion liegen in der Religionsgeschichte Israels, die bis ins 2. Jahrtausend v. Chr. zurückreicht. Historisch steht diese Religion zunächst im Kontext anderer Religionen des Alten Orients, wobei erst die schrittweise theologische Formung, Re-Interpretation und Geschichtsdeutung das Judentum entstehen ließen. Frühestens seit der Rückkehr aus dem babylonischen Exil (538 v. Chr.) spricht man daher vom Judentum – im Unterschied zur Religion des Alten Israel. Der Begriff «Judentum» ist erstmals im 2. Makkabäerbuch (Kap. 2,21) in der Mitte des 2. Jahrhunderts v. Chr. bezeugt. Der «Davidsstern» (hebräisch: *magen david* «Schild Davids»), zwei Dreiecke, die einen sechszackigen Stern bilden, ist erstmals 1527 in Prag als Symbol der jüdischen Gemeinde verwendet worden. Seither ist er nicht nur Symbol jüdischer Identität, sondern auch der jüdischen Nationalbewegung und seit 1949 auch Emblem in der Fahne Israels.

1. Identitätsfiguren für die Anfänge des Judentums

Einen eigentlichen Religionsstifter kann man für das Judentum nicht feststellen, doch können drei historisch unterschiedlich gut fassbare Gestalten genannt werden: Abraham, Mose und Esra.

In der Tradition der hebräischen Bibel ist Abraham der Stammvater Israels und Urbild des Glaubens, da er dem Ruf seines Gottes uneingeschränkt gefolgt ist. Dadurch sehen sich die Angehörigen des Judentums als Kinder Abrahams und von Gott erwählt, der bereits Abraham versprochen hat, ihn zum Stammvater eines großen Volkes zu machen. Diese Verheißung an Abraham ist nicht nur für das Judentum ein Faktor der Identitätsstiftung, sondern verbindet Judentum, Christentum und Islam als «abraha-

1. Identitätsfiguren für die Anfänge des Judentums

mitische» Religionen theologisch enger miteinander, als dies bei anderen Weltreligionen untereinander der Fall ist. In dieser theologischen Bedeutung liegt die Rolle Abrahams für die Anfänge des Judentums, seine Spuren verlieren sich jedoch im Dunkel der Geschichte des 2. Jahrtausends v. Chr.

Auch Mose bleibt eine weitgehend unbestimmbare Größe. Historisch kann man ihn als politischen Führer einer kleinen Gruppe von Personen charakterisieren, die sich wahrscheinlich im 13. Jahrhundert v. Chr. durch Flucht der Zwangsarbeit in Ägypten entzogen haben. Mose führte diese Gruppe – unter Berufung auf seinen Gott mit Namen Jahwe – bis an die Grenzen des Landes Kanaan, des späteren Israel. In der biblisch-theologischen Geschichtsdeutung wird Mose zum Befreier aus der Gefangenschaft in Ägypten, der den Bund zwischen Gott und seinem Volk auf dem Berg Sinai durch die Zehn Gebote als Offenbarung Gottes an sein Volk vermittelt hat. Indem die Tora, die Fünf Bücher Mose, als von ihm aufgrund göttlicher wörtlicher Offenbarung abgefasst gilt, wird Mose für die biblische Religion – mehr als Abraham – zum identitätsstiftenden Urheber der Offenbarung.

Das biblische Buch Nehemia (Kap. 8) berichtet von der öffentlichen Verlesung der *Tora des Mose* durch den Schriftgelehrten Esra. Ob Esra bereits im zweiten Viertel des 5. Jahrhunderts oder erst zu Beginn des 4. Jahrhunderts v. Chr. in Jerusalem gewirkt hat, ist nicht mehr exakt zu klären. Die Bedeutung seines Wirkens für das entstehende Judentum kann jedoch kaum unterschätzt werden: Nicht nur die Verlesung der Tora, sondern auch die Umsetzung der darin formulierten Gesetze im Alltagsleben sowie im Kult bilden die Grundlage für das Judentum. Deshalb hat man Esra später häufig in seiner Bedeutung auf eine Stufe mit Mose gestellt und als Vollender von dessen Wirken gewertet.

Damit ergeben sich erste zentrale Charakteristika des Judentums: die Verheißung Gottes, das auserwählte Volk zu sein, der Rückbezug der eigenen Welt- und Geschichtsdeutung auf die göttliche Offenbarung sowie die Rolle der schriftlichen Tora (einschließlich ihrer Auslegung in der «mündlichen» Tora) als Maßstab für Theologie und Glaubenspraxis.

2. Historische Entwicklungen

Rückwanderungen aus dem babylonischen Exil nach Israel bis ins 4. Jahrhundert zeigen, dass offensichtlich von Beginn an die geographische Situation eine unterschiedliche Ausgestaltung des Judentums ermöglichte. Durch die Hellenisierung des Vorderen Orients erweiterte sich die Vielfalt sprachlich, da neben dem Hebräischen als Sprache im Kult und dem Aramäischen als Alltagssprache Juden außerhalb Palästinas Griechisch sprachen. Deswegen wurde in der Mitte des 3. Jahrhunderts v. Chr. mit der Übersetzung der *Tora des Mose* ins Griechische begonnen. Damit war für das griechischsprachige Judentum bis zum 1. Jahrhundert v. Chr. eine griechische Bibelübersetzung, die so genannte Septuaginta, geschaffen; als diese Übersetzung im 1. Jahrhundert n. Chr. von den griechischsprachigen Christen ebenfalls beansprucht wurde, verlor sie jedoch ihre Bedeutung für das Judentum. Neben dieser Bibelübersetzung zeigen auch prohellenistische Reformbewegungen in Israel für das 2. und 1. Jahrhundert v. Chr. bereits die Vielfalt und Internationalität des Judentums. Im Kontext dieser frühen Diaspora konnten sich auch Nichtjuden dem Judentum anschließen. Ein weiterer Aspekt einer Differenzierung hängt mit der Möglichkeit des Opferkultes im Jerusalemer Tempel und dem bloßen Lesegottesdienst zusammen. Dieser wurde in jenen Gemeinden praktiziert, die aus geographischen Gründen am Gottesdienst im Tempel nicht teilnehmen konnten. Das Neue Testament, aber auch antike jüdische Autoren wie Philo von Alexandrien (ca. 20 v. Chr. bis ca. 50 n. Chr.) oder Flavius Josephus (37–100) zeigen für das 1. Jahrhundert mit der Erwähnung unterschiedlicher Gruppierungen wie Pharisäer, Sadduzäer oder Essener, dass es auch theologische Spannungen gab. Deutlich distanzierte sich die jüdische Gemeinde von Qumran (Mitte des 2. Jahrhunderts v. Chr. bis 1. Jahrhundert n. Chr.), die ein teilweise eigenständiges Schrifttum besaß, von der Kultpraxis am Jerusalemer Tempel.

Die Einnahme Jerusalems durch Pompeius im Jahre 63 v. Chr. und der damit beginnende Verlust der politischen Selbstständigkeit gipfelte letztlich im großen Aufstand gegen die römische

2. Historische Entwicklungen

Tafel 4: Ausgewählte Texte zum Judentum

a) Sch'ma Jisrael (Deuteronomium [Dewarim] 6,1–5, zitiert nach W. G. Plaut [Hrsg.]: Die Tora in jüdischer Auslegung. Bd. 5: Dewarim – Deuteronomium, Gütersloh 2003, 108).
«Dies sind die Gebote, Gesetze und Rechte, die der Ewige, euer Gott, befohlen hat, euch zu lehren, damit ihr sie ausübt in dem Land, welches einzunehmen ihr über den Jarden geht, auf dass du den Ewigen, deinen Gott, fürchtest und sowohl du als auch dein Sohn und dein Enkel, solange ihr lebt, alle seine Verordnungen und Gebote halten und lange leben möget.
Höre Jisrael! Der Ewige, unser Gott, ist ein einiges, ewiges Wesen. Du sollst den Ewigen, deinen Gott, lieben von ganzem Herzen, ganzer Seele und ganzem Vermögen.»

b) Aus der Hekhalot-Literatur (zitiert nach P. Schäfer/K. Herrmann: Übersetzung der Hekhalot-Literatur I §§ 1–80, Tübingen 1995, 130f.).
«R. Yishmaᶜel sagte: Es sprach zu mir Metatron: Komm, und ich zeige dir die Buchstaben, mit denen Himmel und Erde erschaffen wurden; die Buchstaben, mit denen Meere und Flüsse erschaffen wurden; die Buchstaben, mit denen Berge und Hügel erschaffen wurden; die Buchstaben, mit denen die Bäume und Gräser erschaffen wurden; die Buchstaben, mit denen Sterne und Sternbilder erschaffen wurden, die Scheibe des Mondes und das Rad der Sonne, der Orion und die Plejaden und alle Arten der Himmelsleuchten; die Buchstaben, mit denen die Dienstengel erschaffen wurden; die Buchstaben, mit denen die Serafim und die *hayyot* erschaffen wurden; die Buchstaben, mit denen der Thron der Herrlichkeit und die Räder der Merkava erschaffen wurden; die Buchstaben, mit denen die Bedürfnisse der Welt erschaffen wurden; die Buchstaben, mit denen Weisheit und Verstehen, Wissen und Verständnis, Demut und Aufrichtigkeit erschaffen wurden, mit denen man die ganze Welt aufrecht erhält.»

c) Aus den Legenden über Baal Schem Tow (zitiert nach M. Buber: Die chassidischen Bücher, Berlin 1955, 328).
«An einem Simchat-Tora-Abend tanzte der Baal Schem selber mit seiner Gemeinde. Er nahm eine Torarolle in seine Hand und tanzte mit ihr. Dann gab er die Rolle aus der Hand und tanzte ohne sie. In diesem Augenblick sagte einer der Schüler, der mit den Bewegungen des Baal Schem sonderlich vertraut war, zu den Gefährten: ‹Jetzt hat unser Meister die leibliche Lehre aus der Hand getan und hat die geistliche Lehre an sich genommen.›»

Vorherrschaft in den Jahren 66 bis 70 n. Chr. und endete mit der Zerstörung des Tempels und der Stadt Jerusalem. Dies markiert einen entscheidenden Einschnitt in der Geschichte des Judentums, so dass manchmal erst ab diesem Zeitpunkt vom Judentum gesprochen wird.

a) Rabbinisches Judentum: Nach der Zerstörung Jerusalems wurde Jabne zum ersten Zentrum, in dem v. a. die Pharisäer eine grundlegende theologische Neuorientierung einleiteten. Da kein Opferkult im Tempel mehr möglich war, wurden tägliches Gebet und Studium der Tora der neue Gottesdienst, wobei nicht mehr die Priester allein als religiöse Spezialisten, sondern jeder (Mann) sich um Kenntnis und Verständnis der Lehren der Tora bemühen konnte. Dadurch entstand eine neue geistige Grundlage, die das Überleben des Judentums ohne Tempel und Staat ermöglichte. Nach der Niederschlagung eines weiteren Aufstands in den Jahren 132–135 unter Bar Kochba verlagerte sich der geistige und organisatorische Schwerpunkt nach Galiläa, und Mitte des 3. Jahrhunderts wurde Tiberias Zentrum des palästinischen Judentums. In organisatorischer Hinsicht stand nunmehr der Patriarch als Vorsitzender des Sanhedrin, einer Körperschaft von 72 Personen, an der Spitze des Judentums, sowohl als geistlicher als auch mit gewissen Einschränkungen politisch-weltlicher Führer.

Nachdem der Kanon der hebräischen Bibel noch vor dem Jahr 100 in Jabne abgeschlossen wurde, entstand um 200 die Mischna als Verschriftlichung der «mündlichen Tora», das Zentrum des Talmuds. Da spätestens seit dem 1. Jahrhundert die Diasporagemeinde in Babylonien zunehmend an Bedeutung gewann – seit dem 3. Jahrhundert mit dem Exilarch als weitgehend autonomem Führer –, entwickelten sich die palästinische und babylonische Gelehrsamkeit parallel. Literarisches Ergebnis dieser lokalen Zentren sind die um 400 beendete Redaktion des palästinischen bzw. Jerusalemer Talmuds sowie die umfangreichere des babylonischen Talmuds aus dem 6. Jahrhundert.

Die Auslegung der «mündlichen Tora» oblag den Rabbinen (hebräisch und aramäisch: *rabbi* «mein Herr»), eine Bezeichnung, die sich seit dem 1. Jahrhundert als Fachterminus für die Schriftgelehrten durchzusetzen begann. Wesentlich ist die Unterscheidung zwischen Halacha und Haggada. Die Halacha («Wegweisung») bezeichnet den verbindlich-gesetzlichen Teil der theologischen Überlieferung, wobei die maßgeblichen Vorschriften der Halacha in dem im Jahr 1565 zusammengestellten Schulchan Aruch bis heute als autoritative Gesetzessammlung für orthodoxe Juden gelten. Die Haggada («Kunde, Botschaft») umfasst v. a. Erzählungen, Legenden und Aussprüche jüdischer Weiser, d. h. nicht-gesetzliche Texte. Nach der Aufhebung des Amtes des Patriarchen und des Sanhedrin im Jahr 429 verlagerte sich die geistige Führung nach Babylonien. Dadurch wurde der babylonische Talmud zur verbindlichen Norm und Rechtsgrundlage. Die Geonim als geistige Führer des babylonischen Judentums neben dem Exilarchen als weltlichem Führer stellten mit ihrer Auslegung und Rechtsprechung auch die jüdischen Gemeinden außerhalb Babyloniens unter ihre Autorität; genauso wurden sie Vermittler jüdischer Kultur in der islamischen Welt bis Nordafrika und Spanien, da der Islam das Judentum als Buchreligion duldete.

Die zentrale theologische Aussage des Judentums ist der Glaube an den einen Gott (*Tafel 4a*), der sich Mose auf dem Berg Sinai offenbart und ihm die Tora übermittelt hat. Aber schon zuvor hat Gott Abraham die Verheißung des Landes Israel, des «gelobten Landes», gegeben, so dass die Juden als Kinder Abrahams Erben dieses Landes sind. Damit ist der einzelne Jude – unabhängig von unterschiedlichen «orthodoxen» oder «reformerischen» Schulbildungen und Traditionen – immer doppelt eingebettet in die Beziehung zu Gott sowie zum Gottesvolk Israel, und das Sich-Erinnern an das Heilshandeln Gottes macht den Kern jüdischer Religiosität aus.

Ein anderer Aspekt jüdischer Theologie liegt in der Mystik. Die beiden mystischen Hauptrichtungen des rabbinischen Judentums beziehen sich – ausgehend vom ersten Kapitel des biblischen Buches Genesis – auf die Schöpfungswerke Gottes bzw. – ausgehend vom ersten Kapitel des Buches des Propheten Ezechiel – auf den Thronwagen Gottes (*Tafel 4b*). Mystische Erkenntnis soll nicht nur theoretisches Wissen vermitteln, sondern auch praktisches Können zur Beherrschung der Welt bereitstellen, wodurch die Grenzen zwischen Mystik und Magie teilweise fließend werden. Eine der frühen wichtigen mystischen Schriften ist z. B. das von neuplatonischen Gedanken beeinflusste Werk *Sefer Jezira*, das bis in die spätere Kabbala gewirkt hat.

Weniger ausgeformt ist die Messiaserwartung, obwohl sie im Judentum nie erloschen ist. Das Auftreten angeblicher Messiasgestalten im politischen Kontext, so etwa im Rahmen des Bar-Kochba-Aufstandes, hat in der rabbinischen Literatur zu großer Zurückhaltung gegenüber historischen Konkretisierungen der messianischen Heilshoffnung geführt. Allerdings bleiben solche Erwartungen im Judentum grundsätzlich lebendig, wobei sie in Notzeiten stärker in den Vordergrund rücken, wenn man das Eingreifen Gottes durch (s)einen Messias zum Wohle des auserwählten Volkes erhofft.

b) Europäisches Judentum: Innerhalb des römischen Imperiums war das Judentum *religio licita* («erlaubte Religion»), was sich unter den christlichen Kaisern im 4. Jahrhundert nicht änderte, obwohl eine zunehmend antijüdische Stimmung und Gesetzgebung die Situation erschwerten. Nach dem politischen Zusammenbruch des weströmischen Reiches kam es seit dem 6. Jahrhundert in Spanien zu Zwangstaufen von Juden, die gesellschaftlich zusehends isoliert wurden. Deshalb wanderten manche nach Nordafrika aus. Die Ausbreitung des Islam bis nach Spanien seit dem 8. Jahrhundert ließ dort das Judentum wieder erstarken. Die Kenntnis der arabischen Sprache, die diese Juden auch mit der babylonischen Tradition verband, ermöglichte zugleich den Zugang zur islamischen Literatur und Wissenschaft, wovon Impulse für die theologische Entwicklung des sefardischen (hebräisch: *sefarad* [Obd 20], seit der frühen talmudischen Periode als Bezeichnung für Spanien verwendet) Judentums ausgingen. Eine der hervorragenden Gestalten des spanischen Judentums war Moses Maimonides (1135–1204), dem es gelang, mit seinem Werk *Führer der Schwankenden* eine religionsphilosophische Synthese zwischen jüdischer Religion und

Aristotelismus zu schaffen, wobei für Maimonides zwischen Religion und Philosophie kein wesenhafter Unterschied bestand. Daneben verfasste er auch eine bis heute geschätzte Systematisierung religionsgesetzlicher Bestimmungen. Nach ihrer Vertreibung aus Spanien im Jahr 1492 brachten die Juden diese Traditionen in andere Teile Westeuropas, nach Nordafrika und letztendlich zurück in den neu gegründeten Staat Israel, in dem das moderne Hebräisch auf der sefardischen Aussprache aufbaut.

Eine im geographischen Kontext des sefardischen Judentums zunächst zur Blüte gelangte Strömung ist die Kabbala, die in esoterischer Sprache die Tora und die rabbinischen Quellen allegorisch interpretierte und in gewisser Weise auch als Reaktion auf die rationalistische Philosophie gelten kann. Das erste bekannte kabbalistische Werk ist das Buch Bahir, um 1180 in Südfrankreich entstanden, aber noch in der ersten Hälfte des 13. Jahrhunderts in Spanien rezipiert. Das kabbalistische Hauptwerk ist das Buch Sohar. Die Kabbala versuchte die Spannung zwischen einem philosophischen und einem biblischen Gottesbegriff zu überwinden. Für sie manifestierte sich das unzugängliche Wesen Gottes in zehn Emanationen, den Sefirot. Um diese Sefirot richtig zu deuten und dadurch Gott zu erkennen, spekulierte die Kabbala mit dem Zahlenwert der einzelnen hebräischen Buchstaben. Da den Wörtern auch eine magische Wirksamkeit zugeschrieben wurde, konnte die Kabbala zugleich eine große Beliebtheit in der Volksreligiosität – über das sefardische Judentum hinaus – entfalten.

In Mitteleuropa gab es eine andere Entwicklung: Im Frankenreich wurde den Juden aufgrund ihrer weit gestreuten Handelsbeziehungen in den Orient von Franken und Karolingern ein besserer gesellschaftlicher Status zuerkannt. Seit dem 8. Jahrhundert kamen Juden aus dem fränkischen Herrschaftsgebiet nach Deutschland und Böhmen, und mit der Ausbreitung des Islam über Nordafrika und Süditalien zogen auch aus diesen Gebieten Juden nordwärts, die in der Auslegung von Tora und Talmud enger mit der palästinischen und Jerusalemer Tradition verbunden waren. Der populäre und bis heute von Rabbinen geschätzte Kommentar von Rabbi Schlomo ben Jizchak, genannt

Raschi (1040–1105), entstand in diesem Milieu. – Seit dem 11. Jahrhundert waren Juden in allen großen Städten Mitteleuropas ansässig, wobei die aschkenasischen (hebräisch: *aschkenas* [Gen 10,3; Jer 51,27], seit dem 6. Jahrhundert als hebräische Bezeichnung für Skandinavien verwendet, seit dem Mittelalter für Deutschland) Juden das Jiddische als eigene Sprache entwickelten, basierend auf mitteldeutscher Grammatik und mitteldeutschem Grundwortschatz, allerdings wesentlich erweitert durch den hebräischen Wortschatz. Die Verwendung der hebräischen Schrift trennte das Jiddische jedoch von den lokalen deutschen Sprachformen. Gewaltanwendungen und Verfolgungen, die teilweise in dem größeren historischen Kontext der Kreuzzüge standen, ließen seit dem 13. Jahrhundert die aschkenasischen Juden vermehrt nach Osteuropa abwandern. Diese osteuropäischen Juden entwickelten – in der Regel in rein jüdischen, von der übrigen Bevölkerung abgeschlossenen Stadtteilen, dem jüdischen «Schtetl» – einen eigenen Lebensstil mit besonderer Ausformung der Religiosität und Gelehrsamkeit.

Teilweise als Kompensation für enttäuschte Messiaserwartungen, die durch Schabbetai Zwi (1626–1676) aufgrund seiner kabbalistischen Interpretationen ausgelöst worden waren, entstand in Osteuropa der Chassidismus. Inspiriert wurde diese Bewegung von Rabbi Israel ben Elieser (1700–1760), genannt Baal Schem Tow, im Westen der heutigen Ukraine. Der Chassidismus ist durch eine starke Verinnerlichung des religiösen Lebens charakterisiert; man bemüht sich darum, die Allgegenwart Gottes in mystischer Vereinigung mit ihm zu erkennen. Dies soll durch das Studium der Tora, durch die Einhaltung der Gebote, aber auch durch Gebete, Musik und Tanz möglich sein (*Tafel 4c*).

Eine völlig anders gelagerte theologische Strömung ist die Haskala, die jüdische Aufklärung, die ebenfalls in Osteuropa ihren Ausgang nahm, aber vor allem mittel- und westeuropäische Juden seit dem 18. Jahrhundert stark beeinflusste. Hier bemühte man sich um die Wiederbelebung der hebräischen Sprache, um die Modernisierung der Bildung der Juden, die über das Studium von Bibel und Talmud hinausgehen sollte. Gleichzeitig versuchten die jüdischen Aufklärer – nicht ohne Widerstand von Seiten orthodoxer bzw. traditioneller Kreise – die Vorstellung der Ausschließlichkeit und Abgrenzung des jüdischen Volkes gegenüber anderen Völkern zu überwinden und das Judentum lediglich als religiöse Größe zu sehen; letzteres beinhaltet erneut – wie in der Antike unter der Öffnung des Diasporajudentums für Griechen – die Möglichkeit, zum Judentum zu konvertieren.

c) Modernes Judentum: Die Bestrebungen der Aufklärung gingen in Westeuropa teilweise Hand in Hand mit der Zuerkennung bürgerlicher Rechte an die Juden, wobei die Gleichstellung vor dem staatlichen Recht allerdings auch eine Einschränkung der bisherigen jüdischen Gemeindeautonomie und teilwesen Gerichtsbarkeit bedeutete. Die Gültigkeit der Tora wurde auf den religiös-rituellen Bereich eingeschränkt, wogegen sich traditionell-orthodoxe Kreise zunächst wehrten. Mit der Modernisierung des westeuropäischen Judentums kam es zu innerreligiösen Reformen, so dass im 19. Jahrhundert Gottesdienste in der jeweiligen Landessprache eingeführt wurden, die Liturgie gekürzt, aber auch die traditionelle Lebensweise teilweise aufgegeben wurde. Als Resultat solcher Reformen zeigt das moderne Judentum eine Vielfalt und Spannbreite, die die bisherige Geschichte nicht gekannt hatte und die man mit Stichworten wie «konservatives», «neo-orthodoxes», «ultra-orthodoxes» bzw. «Reform»-Judentum nur teilweise erfasst. Seit dem Ende des 19. Jahrhunderts bekamen diese religiösen Richtungen in unterschiedlichem Grad unter dem Sammelbegriff Zionismus auch politische Nuancen. Das Ziel, in Israel einen Flächenstaat zu errichten, der den Zustand der Diaspora, d. h. der Zerstreuung von Juden außerhalb des Landes Israel, beenden sollte, konnte auch bei religiös unterschiedlich ausgerichteten Juden als gemeinsame Basis dienen. Denn seit der Zeit des Hellenismus war das Judentum durch die weltweite Diaspora charakterisiert, und seit der Mitte des 1. Jahrtausends waren nennenswerte jüdische Gemeinden auf dem Boden Israels nicht mehr vorhanden gewesen. Es sollte jedoch bis zum Jahr 1948 dauern, ehe der Staat Israel als Ergebnis des Zionismus als politisch eigenständiger Lebensraum errichtet wurde. Rückwanderungsbewegungen nach

Tafel 5: Zeittafel zum Judentum

3760 v. Chr.	Beginn der jüdischen Zeitrechnung
515	Weihe des Zweiten Tempels in Jerusalam nach der Rückkehr aus dem Babylonischen Exil
3. Jh.	Übersetzung der hebräischen Bibel ins Griechische (Septuaginta)
70 n. Chr.	Zerstörung des Zweiten Tempels von Jerusalem
um 200	Entstehung der Mischna als Zentrum des Talmuds
321	Erster Nachweis einer jüdischen Gemeinde in Köln
um 400	Abschluss des Jerusalemer Talmuds
429	Aufhebung des Amtes des Patriarchen als Führer des (palästinischen) Judentums
6. Jh.	Endredaktion des Babylonischen Talmuds
1040–1105	Raschi, Verfasser eines berühmten Talmudkommentars
1096–1099	Vernichtung jüdischer Gemeinden im Rheinland im Zusammenhang mit dem ersten Kreuzzug
1135–1204	Moses Maimonides, jüdischer Religionsphilosoph und Vermittler islamischer und griechischer Philosophie an das christliche Abendland
1163	Erste Synagoge in Kaifeng (China), errichtet von Juden, die als Arbeiter in der Baumwollproduktion aus Iran und Indien nach China kamen
1180	Entstehung des Buches Bahir, des ersten großen kabbalistischen Werkes
Ende 13. Jh.	Entstehung von ersten Gettos in deutschen Städten
Ende 15. Jh.	Vertreibung von Juden aus Spanien nach Nordafrika, teilweise auch Zuwanderung nach Mittel- und Osteuropa
1700–1760	Baal Schem Tow wird zum Initiator des Chassidismus.
18. Jh.	Haskala, die «jüdische Aufklärung»
1881/82	Erste Auswanderung von Juden nach Pogromen in Russland und Rumänien nach Palästina
1896/97	Anfänge der zionistischen Bewegung mit der Forderung eines sicheren Wohnrechts und eines eigenen Staates der Juden in Palästina
seit 1919	Größere Auswanderungswellen von Juden nach Palästina
1938	«Reichskristallnacht» (Nacht vom 9. zum 10. November)
1939–1945	Deportation und Vernichtung (Shoa) von rund 6 Millionen Juden in den Konzentrationslagern durch das nationalsozialistische Regime
1948	Am 14. Mai ruft David Ben Gurion den Staat Israel aus, als ersten jüdischen Staat seit der Antike. Seither Umsiedlung von Juden (vor allem aus islamischen und osteuropäischen Ländern) dorthin.

Israel, v. a. von Juden aus afrikanischen und asiatischen, aber auch osteuropäischen Ländern, haben Juden unterschiedlicher kultureller Hintergründe in dem neuen Staat vereint, während – teilweise aufgrund der Verfolgung im nationalsozialistischen Machtbereich (1933–1945) – westeuropäische Juden bereits vor dem Ausbruch des Zweiten Weltkriegs vermehrt in die USA und Kanada, teilweise auch nach Südamerika flüchteten. Die neue Situation, die die Staatsgründung Israels für das Judentum bedeutet, führt auch zu neuen, teilweise konkurrierenden theologischen Wertungen der Diasporaexistenz des Judentums.

3. Praxis und Lebensgestaltung

a) Schabbat und Synagogengottesdienst: Das Gedenken an Gottes Schöpfungs- und Heilstat für das jüdische Volk prägt entscheidend die äußeren Formen des jüdischen religiösen Lebens. Der Lebensrhythmus ist eng an die Beachtung des wöchentlichen Schabbats gebunden. Begründet wird der Schabbat durch das Ruhen Gottes am siebenten Tag der Schöpfung, die nach orthodoxer jüdischer Meinung im Jahr 3760 v. Chr. erfolgt ist, aber auch durch die Erinnerung an die Sklavenzeit des Volkes Israel in Ägypten. Deshalb ist an diesem Tag auch für den Fremden, der sich im Haushalt eines Juden aufhält, Ruhe geboten. Am Schabbat finden in der Synagoge drei Gottesdienste statt (zu Beginn am Freitagabend, der Hauptgottesdienst am Samstagvormittag und ein kürzerer Gottesdienst zum Schabbatausklang am Samstagnachmittag), an denen strenggläubige Juden nach Möglichkeit teilnehmen. Ein Gottesdienst in der Synagoge kann nur stattfinden, wenn wenigstens zehn erwachsene männliche Juden (*minjan*) anwesend sind. Die Gottesdienste sind eher ritualarm: Gebete, die Lesung aus der Tora, die – als beinahe einziges ausgeprägtes Ritualelement – feierlich aus dem Toraschrein genommen und nach der Lesung wieder dorthin zurückgelegt wird, und die Auslegung der Tora durch den Rabbiner sind charakteristisch. Das Amt eines Rabbiners kann nur in Gemeinden des Reformjudentums auch von Frauen ausgeübt werden.

b) Beschneidung und bar-mizwa bzw. bat-mizwa: Die Beschneidung der Jungen wird am achten Tag nach der Geburt vollzogen und ist mit der Namengebung verbunden. Sie ist ein Symbol für den Bund, den Abraham mit Gott geschlossen hat. Dabei handelt es sich theologisch weniger um einen Aufnahmeakt als um die Aktualisierung des göttlichen Bundes mit dem jüdischen Volk, der für jedes Mitglied der Gemeinde gilt. Erst im Alter von 13 Jahren wird ein Junge religionsrechtlich Vollmitglied der jüdischen Gemeinde, er ist ab diesem Zeitpunkt ein *bar-mizwa*, ein «Sohn der Pflicht». Bis zur Aufnahme in die Gemeinde sollte ein Junge daher die wichtigsten Grundlagen des Judentums, einschließlich der wichtigsten Gebete, kennengelernt haben. Als *bar-mizwa* zählt er zu den erwachsenen Mitgliedern der Gemeinde.

Jüdische Mädchen werden nicht beschnitten, allerdings findet eine Feier zur Namengebung meist am ersten Schabbat nach der Geburt in der Synagoge statt. Mit zwölf Jahren wird ein Mädchen eine *bat-mizwa*, eine «Tochter der Pflicht», der allerdings – mit Ausnahme vom Reformjudentum – ungleich weniger Beachtung geschenkt wird als einer *bar-mizwa*-Feier für einen Jungen.

c) Feiertage: Die Feiertage richten sich nach dem Mondkalender, der für alle jüdischen Richtungen einheitlich ist. Das wichtigste Fest – vor allem hinsichtlich Identitätsstiftung und Volkszusammenhalt – ist das achttägige Pessachfest, das im Monat Nisan (März/April) gefeiert wird. Es vergegenwärtigt die Befreiung des Volkes Israel aus der Sklaverei in Ägypten, so dass die Festsymbole und -bräuche darauf Bezug nehmen: Entfernung von Sauerteig aus der Wohnung, Essen von ungesäuertem Brot und Bitterkräutern beim Sedermahl in Erinnerung an das letzte Mahl, das die Israeliten mit Mose vor dem Weggang aus Ägypten zu sich nahmen, und die ritualisierte Erzählung über den Auszug aus Ägypten, eingeleitet von der Frage eines der Kinder, weshalb die Nacht des Pessachfestes eine besondere Nacht sei. Sieben Wochen nach Pessach wird das Wochenfest (*Schawuot*) in Erinnerung an die Offenbarung der Tora durch Gott auf dem Berg Sinai gefeiert. Das Sukkot-Fest (Laubhüttenfest) im Monat

Tischri (September/Oktober) symbolisiert die Zeit der Wüstenwanderung des Volkes Israel und den damit verbundenen Aufenthalt in Laubhütten. Somit sind diese drei – schon biblisch bezeugten – Hauptfeste eng mit der Geschichte des Volkes Israel und der Führung durch Gott verbunden.

Der Beginn des kultischen Jahres im Monat Tischri hat keine biblischen Wurzeln, sondern dürfte erst im 2. Jahrhundert v. Chr. als Neujahrsfest (*rosch ha-schana*) eingeführt worden sein. Es markiert die Erneuerung des Bundes zwischen Gott und den Menschen und wird deshalb auch als Tag der inneren Umkehr gefeiert, da man das Neue Jahr frei von Sünden beginnen soll. Der zehnte Tag des Monats Tischri ist einer der wichtigsten jüdischen Feiertage, nämlich Jom Kippur, der «Versöhnungstag». Nach traditioneller Auffassung steht an diesem Tag die ganze Welt vor Gott vor Gericht, weshalb orthodoxe Juden an diesem Tag von Sonnenuntergang bis zum nächsten Sonnenuntergang ein vierundzwanzigstündiges Fasten halten. Der Synagogengottesdienst ist an diesem Tag durch ein kollektives Sündenbekenntnis geprägt. Mit dem «Fest der Tora-Freude» (*simchat tora*) am 23. Tag des Monats Tischri – direkt im Anschluss an das Laubhüttenfest – klingt der erste Monat des kultischen Kalenders aus.

Zwei Feste – ebenfalls mit Bezug zur Heilsgeschichte – werden als besondere Freudenfeste begangen: Das Chanukka-Fest (Lichterfest) im November/Dezember erinnert an die Wiedereinweihung des Jerusalemer Tempels im Jahr 165 v. Chr. nach einer Welle von Verfolgungen. Das Purim-Fest (Februar/März) gedenkt der Abwehr der geplanten Vernichtung der Juden durch Haman, die im biblischen Buch Esther erzählt wird. Beide Feste zeigen den Sieg des Judentums über ihre stärkeren Widersacher. So ist für sie nicht nur die – vor allem bei Purim – ausgelassene Festfreude charakteristisch, sondern es wird auch die trotz aller Anfeindung bestehende Siegesgewissheit der Religion(sgemeinschaft) kollektiv memoriert und gefestigt.

Die ganze religiöse Praxis orientiert sich durchgehend an Heilsereignissen der eigenen Geschichte. Das kollektive Gedächtnis prägt die jüdische Identität, Weltsicht und das Leben daher stärker als Lehrinhalte. Dass die unterschiedlichen Lehrentwicklungen zu keiner festen Dogmatik geführt haben, sondern durch historische und geographische Varianten bestimmt sind, wird durch die gemeinsamen Festinhalte weitgehend kompensiert. Das Judentum definiert sich weniger durch ein gemeinsames Dogma als vielmehr dadurch, dass in gemeinsamen Feiern die Erinnerung an die Geschichte des jüdischen Volkes bewahrt wird.

4. Die kulturprägende Kraft

Mit der Übersetzung der hebräischen Bibel ins Griechische ab dem 3. Jahrhundert hat das Judentum einen ersten – praktischen – Schritt getan, um als Weltreligion auch für außerhalb der unmittelbaren jüdisch-semitischen Lebenswelt stehende Personen annehmbar zu werden. Die Übersetzung der hebräischen Bibel hat – aufgrund der Übernahme dieser Übersetzung durch das Christentum – zugleich die Basis dafür gelegt, dass ein nicht geringer Teil der jüdischen Tradition, wenngleich in christlicher Interpretation, frühzeitig Eingang in die abendländische Kultur gefunden hat. Dieses jüdische Erbe hat die europäische – und in späteren Jahrhunderten nordamerikanische – Gesellschaft mitgeprägt. Jüdische Denker und Dichter wie Juda ha-Levi (1075–1141), der schon genannte Moses Maimonides oder auch Baruch Spinoza (1632–1677) haben – teilweise aufgrund ihrer Dreisprachigkeit Hebräisch, Arabisch und Latein – die antike Philosophie im europäischen philosophischen Diskurs zur Geltung gebracht.

Trotz der kulturellen Bedeutung des Judentums für die abendländische Geschichte darf aber nicht vergessen werden, dass diese Geschichte auch durch vielfache Verfolgung von Juden – bis in die Mitte des 20. Jahrhunderts hinein – gekennzeichnet ist. Begründet wurde die Verfolgung manchmal – in sachlich falscher christlich-theologischer Argumentation – als Folge der Verwerfung des Judentums durch (den christlichen) Gott oder mit traditionell christlich-antijüdischen Vorurteilen. Die *Shoa* (hebräisch: «Verwüstung, Katastrophe») als wahlloser Genozid an Juden, gestützt auf die unwissenschaftliche perverse «Rassenlehre» der nationalsozialistischen Ideologie, ist dabei

Tafel 6: Das Judentum in Israel

Im 1948 ausgerufenen Staat Israel leben auf einer Fläche von 20 990 km² 8,3 Millionen Einwohner (2015), rund drei Viertel sind jüdische Israelis, 20,7 % arabische Israelis und 4 % anderer Herkunft. Die Republik definiert sich selbst als jüdischen und demokratischen Staat. Mehr als drei Viertel der Bevölkerung des Staates sind Juden, etwa 15 % Muslime und etwas mehr als 2 % Christen. Trotz wichtiger Zentren der Baha'i-Religion auf dem Staatsgebiet Israels leben nur wenige Hundert Baha'i dort.

Das Land Israel war seit biblischer Zeit ein Identitätsfaktor für das Judentum. Epochen unterschiedlich deutlich akzentuierter politischer Fremdherrschaft boten zeitweilig eine nationale Eigenständigkeit oder einen politischen Sonderstatus (vor allem unter der Herrschaft der Hasmonäer und der Römer, 2. Jahrhundert v. Chr. bis 1. Jahrhundert n. Chr.), was mit der Zerstörung Jerusalems (70 n. Chr.) und der Niederschlagung des Unabhängigkeitskampfes von Simon Bar Kochba (132–135) durch die Römer endete.

Die Neugründung Israels nach dem Zweiten Weltkrieg machte das «Gelobte Land» wieder zu einer realen politischen Größe für Juden. Dadurch ergab sich für Anhänger der «Orthodoxie» die Möglichkeit, jüdische Gesetzlichkeit, die aus Tora und Talmud abgeleitet wird, in manchen Bereichen des alltäglichen Lebens durchzusetzen, vor allem hinsichtlich des Familien- und Erbrechts; deshalb gibt es im Staat Israel keine zivile Eheschließung, aber auch Scheidung und Beerdigung unterliegen direkt der rabbinischen Religionsbehörde. Innerhalb der jüdischen Bevölkerung Israels, von der rund drei Viertel als «säkular» oder «traditionell» im Sinne der Befolgung einiger zentraler Glaubensinhalte einzuschätzen sind, führt diese religionsrechtliche Orientierung des Staates immer wieder zu Spannungen zwischen der demokratisch und an westlicher Kultur orientierten Mehrheit und der Minderheit der Vertreter der «Orthodoxie», deren geistiger Hintergrund teilweise aus der Frömmigkeit des Chassidismus genährt wird. Die «säkular-jüdische» Bevölkerungsmehrheit strebt nicht nur ein weiteres Zurückdrängen der Religion aus den öffentlichen Bereichen an, sondern befürwortet prinzipiell auch die Errichtung eines eigenen Palästinenserstaates, was von Orthodoxen als Verrat am «Heiligen Land», das Gott den Vätern verheißen hat, gewertet wird. Orthodoxe Juden ihrerseits verlangen vom Staat Israel eine stärkere Förderung der Religion im gesellschaftspolitischen und alltäglichen Kontext. Extrem-orthodoxe Juden, die teilweise im Stadtviertel Mea Schearim in Jerusalem wohnen, lehnen den Staat Israel sogar als mit der Herrschaft Gottes unvereinbar ab.

ein kaum zu überbietender Höhepunkt der planmäßigen Verfolgung und Vernichtung einer Gemeinschaft in der Menschheitsgeschichte.

Weil von dieser Religion Impulse ausgestrahlt wurden, die weit über die – zahlenmäßig kleine – eigene Religionsgemeinschaft hinausgingen, kann man das Judentum als Weltreligion bezeichnen. Insgesamt gibt es heute weltweit etwa 14 Millionen Juden, davon leben etwa 25 Prozent in Israel (*Tafel 6*) und etwa 40 Prozent in den Vereinigten Staaten von Amerika. Obwohl in den letzten Jahrzehnten vermehrt Juden aus den muslimischen Ländern nach Israel ausgewandert sind – teilweise infolge der israelisch-arabischen Kriege –, sind Angehörige des Judentums immer noch in mehr als einhundert Staaten weltweit ansässig. In Deutschland lebten im ersten Drittel des 20. Jahrhunderts rund eine halbe Million Juden, nach dem Ende des Zweiten Weltkrieges waren es aufgrund der Shoa nur noch etwa 25 000 bis 30 000. Seither hat sich diese Zahl – nach Jahrzehnten der relativen Stagnation – vor allem in den 1990er Jahren durch Zuwanderer aus der ehemaligen Sowjetunion und anderen ehemaligen kommunistischen Staaten Osteuropas auf 100 000 erhöht. Die unterschiedlichen Traditionen, die nunmehr in der deutschen jüdischen Gemeinde anzutreffen sind, spiegeln die Bandbreite des Judentums auch in anderen Ländern wider.

Christentum

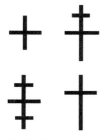

Das Christentum hat sich in seiner beinahe 2000-jährigen Geschichte zur quantitativ größten Weltreligion entwickelt, wobei seit den 70er Jahren des 20. Jahrhunderts die Mehrheit der Christen nicht mehr auf der nördlichen, sondern auf der südlichen Hemisphäre lebt. Auch wenn diese Verbreitung zum Teil mit der neuzeitlichen Kolonisierung durch das Abendland zusammenhängt, darf dies nicht zu der falschen Annahme verleiten, dass die abendländisch vertraute Form des Christentums in einer der beiden großen Konfessionen (Katholizismus und Protestantismus) selbstredend weltweit die normative Ausformung des Christentums darstellt.

Als Bekenntnis zu dem gekreuzigten Jesus als dem auferstandenen Christus wird das Kreuz bereits im frühen Christentum zu einem Identifikationsmerkmal für den einzelnen Gläubigen und zu einem Symbol der Religion. Neben dem ikonographisch schon in der frühchristlichen Kunst häufig bezeugten gleichschenkeligen Kreuz (links oben) sind weitere unterschiedliche Kreuzformen verbreitet. Das orientalische Doppelkreuz, das über dem Querbalken auch den Titulus (Kreuzesinschrift) darbietet (rechts oben), das byzantinische Kreuz, das unter dem Querbalken auch ein Fußbrett darstellt (links unten), sowie das im Abendland am weitesten verbreitete lateinische Kreuz (rechts unten). Die ältesten Kreuze mit der Darstellung von Jesu Körper stammen aus dem 7. Jahrhundert.

1. Jesus und Paulus: Der «Stifter» und sein «Theologe»

Jesus als Mittelpunkt der Überlieferung des Neuen Testaments wurde noch vor dem Tod Herodes' des Großen (4 v. Chr.) geboren und lebte bis zu seinem öffentlichen Auftreten in Nazareth. Aufgewachsen in der Lebenswelt des ländlichen palästinischen Judentums abseits der Hauptstadt Jerusalem, ist über die Zeit seiner Kindheit nichts bekannt. Die biblischen Kindheitsüberlieferungen sind keine historischen Berichte, sondern theologische Erzählungen. Kurz vor seinem ersten öffentlichen Auftritt ließ er sich von Johannes dem Täufer taufen, als Symbol der Umkehr vor dem Hintergrund des offensichtlich von manchen Juden alsbald erwarteten göttlichen Gerichtes. Als umherziehender Prediger verkündete Jesus den bevorstehenden Anbruch des Reiches Gottes, was zumindest auf eine gewisse religiöse Ausbildung schließen lässt. Während seiner Wanderschaft sammelte er eine Schar von Anhängern und heilte Kranke. Kritik äußerte er in Jerusalem am Tempelkult, eine Kritik, die im damaligen Judentum von mehreren Gruppierungen geteilt wurde. Diese Tempelkritik dürfte der Auslöser für seine Gefangennahme gewesen sein. Anscheinend rechnete er mit dem gewaltsamen Ende seines Lebens, weshalb er mit seinem engsten Anhängerkreis ein Abschiedsmahl zum Gedächtnis an sein Wirken und seine Botschaft feierte, ehe er gefangen genommen wurde. Die anschließende Verurteilung zum Kreuzestod durch den römischen Prokurator Pontius Pilatus wurde am Vortag des Pessachfestes wahrscheinlich des Jahres 30 vollstreckt. Seine Jünger waren davon überzeugt, dass Gott Jesus von den Toten auferweckt habe (*Tafel 7a*). Darauf bauten sie ihre nachösterliche Predigt auf: Jesus ist nach den ältesten Zeugnissen dieser Glaubensüberlieferung nicht mehr jüdischer Lehrer, sondern der Messias (hebräisch: «Gesalbter» = griechisch: «Christus»), den Gott als seinen Sohn erwählt hat und mit dessen Auftreten die Gottesherrschaft auf Erden angebrochen ist.

Paulus war nach seinen eigenen biographischen Angaben ein Pharisäer, der sich sorgfältig an die Tora hielt. Aufgrund einer visionären Begegnung mit dem auferstanden geglaubten Jesus wurde er dessen Anhänger, und nach einer rund eineinhalb Jahre dauernden Vorbereitungsphase begann er etwa um 33/34 seine Tätigkeit als theologischer Interpret des Wirkens Jesu, das er durch rege Reisetätigkeit und Briefe an von ihm gegründete Gemeinden vor allem in Kleinasien und im ägäischen Bereich bekannt machte. Entscheidend am Wirken des Paulus war, dass er – offensichtlich erst nach Überwindung von Widerständen von Seiten Jerusalemer Anhänger Jesu (u. a. Petrus und Jakobus) – durchsetzen konnte, dass jeder sich den Lehren des auferstandenen Christus anschließen konnte, ohne sich zuvor dem jüdischen Beschneidungsritual zu unterziehen und die Tora als religionsrechtlich verpflichtend zu akzeptieren, da allein der Glaube an Christus heilsbestimmend sei («Rechtfertigungslehre»). Durch diese so genannte «Heidenmission» ebnete Paulus mit seinen Mitarbeitern (z. B. Timotheus, Titus, Barnabas) frühzeitig den Weg für die Verkündigung des Glaubens an Jesus auch außerhalb des Judentums. Um 62 wurde Paulus in Rom hingerichtet.

Die Lehrentwicklung, die mit Paulus einsetzte, kommt in seinen eigenen Briefen zum Ausdruck, ebenso in jüngeren Briefen anderer frühchristlicher Denker und in den Evangelien, die das Leben Jesu aus der Sicht des Glaubens an seine Auferstehung schildern. Dabei unterscheidet sich das so genannte Johannes-Evangelium theologisch deutlich von den drei weitgehend parallel strukturierten synoptischen Evangelien. Diese frühesten christlichen Schriften sind am Ende des 1. Jahrhunderts abgeschlossen. Als «Neues Testament» gelten sie in der Folge als Überbietung, aber auch als Vereinnahmung der hebräischen Bibel, die christlich als «Altes Testament» bezeichnet wird.

2. Historische Entwicklungen

Die Neuinterpretation der hebräischen Bibel durch das entstehende Christentum sowie die Annahme, dass der Gott der Christen und der Gott der Juden identisch sind, waren Faktoren, die zur Trennung zwischen Judentum und Christentum noch im 1. Jahrhundert beigetragen haben. Ein weiteres Merkmal war die im 2. Jahrhundert beginnende Auseinandersetzung mit und

Tafel 7: Ausgewählte Texte zum Christentum

a) Bezeugung der Auferweckung Jesu (Paulus, Erster Korintherbrief, Kap. 15,3–5.12 f., zitiert nach: Die Bibel. Altes und Neues Testament. Einheitsübersetzung, Freiburg 1980).

«Denn vor allem habe ich euch überliefert, was auch ich empfangen habe: Christus ist für unsere Sünden gestorben, gemäß der Schrift, und ist begraben worden. Er ist am dritten Tag auferweckt worden, gemäß der Schrift, und erschien dem Kephas, dann den Zwölf.

Wenn aber verkündigt wird, dass Christus von den Toten auferweckt worden ist, wie können dann einige von euch sagen: Eine Auferstehung der Toten gibt es nicht? Wenn es keine Auferstehung der Toten gibt, ist auch Christus nicht auferweckt worden.»

b) Entscheidung des 7. Ökumenischen Konzils in Nizäa (787) über die Bilderverehrung (zitiert nach N. Thon: Quellenbuch zur Geschichte der Orthodoxen Kirche, Trier 1983, 120 f.).

«Wir definieren also mit aller Umsicht und Sorgfalt, dass die verehrungswürdigen und heiligen Bilder, die auf dieselbe Art und Weise wie auch das verehrungswürdige und lebensspendende Kreuz mit Farben oder Mosaik oder aus einem anderen geziemenden Material in gebührender Weise gemacht worden sind, geweiht und in den heiligen Tempeln Gottes aufgestellt und in Ehren gehalten werden sollen. […] Am meisten soll man das Bild unseres Herrn und Gottes und Erlösers Jesus Christus aufstellen, sodann das unserer unbefleckten Herrin, der Gottesgebärerin, ferner der verehrenswürdigen Engel und schließlich aller heiligen Männer.»

c) Römisch-katholisches Konzil von Trient (1563) über das Sakrament der Weihe (zitiert nach H. Denzinger: Kompendium der Glaubensbekenntnisse und kirchlichen Lehrentscheidungen, herausgegeben von P. Hünermann, Freiburg, 39. Aufl. 2001, 570 f.).

«Wenn einer aber versichert, alle Christen seien unterschiedslos Priester des Neuen Testamentes oder alle seien mit untereinander gleicher geistlicher Vollmacht ausgestattet, so tut er offenbar nichts anderes, als die kirchliche Hierarchie, die ‹wie die geordnete Schlachtreihe eines Heeres› ist, auseinanderzubringen. […] Wer sagt, es gebe im Neuen Testament kein sichtbares oder äußeres Priestertum oder es gebe keine Vollmacht, den wahren Leib und das Blut des Herrn zu konsekrieren und darzubringen sowie die Sünden zu vergeben und zu behalten, sondern nur das Amt und den bloßen Dienst, das Evangelium zu verkünden, oder diejenigen, die nicht predigen, seien überhaupt keine Priester: der sei mit dem Anathema belegt.»

Fruchtbarmachung der griechischen Philosophie für das Christentum. Beide Ansätze fanden Befürworter und Gegner, wodurch die Basis für unterschiedliche Richtungen gelegt wurde. Manche dieser Richtungen waren eher kurzlebig, wie etwa die um 139/140 von Markion in Rom gegründete Kirche; Markion lehnte in einer Extremposition die hebräische Bibel grundsätzlich ab und entfernte aus dem Neuen Testament all jene Teile, die Anklänge an das Judentum enthielten. Eine andere Richtung des 2. Jahrhunderts führte – bei asketischer Lebensführung – zur Wiederbelebung der alttestamentlichen Prophetie (der so genannte «Montanismus»). Auch manche der unter dem Sammelbegriff «Gnosis» zusammengefassten religiösen Bewegungen waren im 2. Jahrhundert Teil des Christentums, wobei sie die biblische Botschaft teilweise mit Hilfe neuplatonischer Philosophie interpretierten; erst in späterer Zeit wurden sie als «Häresie» abgelehnt.

Solche Differenzierungen waren einerseits ein Resultat der seit der Mitte des 2. Jahrhunderts einsetzenden geographischen Verbreitung im östlichen Mittelmeerraum bis nach Rom, wodurch Missionare mit dem Gedankengut der römischen Welt in Berührung kamen. Bis in das 3. Jahrhundert war das Christentum bereits weit über Ägypten und Nordafrika verbreitet, ferner über das östliche Syrien bis nach Persien. Andererseits war diese Vielfalt auch die Folge einer noch weitgehend fehlenden überregionalen «Kirchenordnung», so dass unterschiedliche organisatorische und theologische Positionen durchaus nebeneinander bestehen konnten.

Im frühen 4. Jahrhundert begann der Prozess der (nie abschließend gelungenen) «Vereinheitlichung» durch Dogmenbildung. Erster Diskussionspunkt war das Verhältnis der Gestalt Jesu zu Gott-Vater und zum Heiligen Geist. Diese Debatte um die Trinität begann in Alexandrien in Ägypten, als Arius, ein angesehener Kirchenmann, verkündete, dass das Göttliche (der *Logos*) in Jesus nicht von gleicher Substanz wie Gott-Vater sei, sondern vor der Zeit von Gott geschaffen worden sei. Diese Meinung des Arius, die vor allem zwischen der Mitte des 4. bis zum 7. Jahrhundert von den Goten in ihrer Übernahme des Christentums geteilt wurde, stieß besonders bei ägyptischen Bischöfen auf heftige Ablehnung; sie sahen dadurch die Gleichrangigkeit von Christus und Gott, von Sohn und Vater, gefährdet. Kaiser Konstantin, der wegen solcher theologischer Diskussionen die Einheit des römischen Reiches nicht in Gefahr bringen wollte, berief im Jahr 325 eine Versammlung der Bischöfe («Konzil») nach Nizäa in Kleinasien ein, um den Streit zu schlichten. Der Kaiser schlug als Lösung den Begriff *homo-usios* (griechisch: «wesensgleich») vor, um die Gleichheit von Sohn und Vater festzuschreiben. Dadurch wurde zwar Arius verurteilt, der Konflikt aber nicht bereinigt; ein neuerliches Konzil im Jahr 381 in Konstantinopel präzisierte den Beschluss von 325: Das Verhältnis des Sohnes zum Vater wurde durch Begriffe wie «gezeugt, nicht geschaffen» und «wesenseins» verdeutlicht, der Heilige Geist als «hervorgehend aus dem Vater» genauer bestimmt. Damit war gegen Ende des 4. Jahrhunderts eine erste philosophisch-theologische Positionierung getroffen. Neben dieser Konzilsentscheidung prägten aber auch viele theologische Autoren (Priester und Laien) zwischen dem 3. und 5. Jahrhundert die Entwicklung des Christentums mit ihrem reichhaltigen Schrifttum: Für das lateinischsprachige Christentum können beispielsweise Tertullian (160–ca. 240) oder Augustinus (354–430) genannt werden, für das griechischsprachige Origenes (ca. 185–254) oder Johannes Chrysostomos (ca. 345–407) sowie für die syrische Welt Ephräm (306–373).

Trotz dieser grundsätzlichen Übereinstimmung ergab sich nunmehr die Folge-Frage: Wenn Jesus wesensgleich mit dem Vater ist, wie steht es dann um seine menschliche Natur? Diese Diskussion prägte das 5. Jahrhundert. Den Ausgangspunkt bildete die Position des Bischofs Nestorius von Konstantinopel, der als Anhänger der besonders in Antiochien gelehrten wörtlichen Bibelauslegung betonte, dass in Christus zwei Naturen, die göttliche und die menschliche, nebeneinander getrennt existierten. Damit setzte er sich dem Widerspruch jener aus, die die Göttlichkeit Jesu in den Vordergrund stellten, teilweise inspiriert von der in Alexandrien gelehrten allegorischen Bibelauslegung, die hinter dem Wortsinn jeweils einen tiefer liegenden, anderen Sinn sucht. Man warf Nestorius Irrlehre vor, und Kaiser Theodosius berief für das Jahr 431 ein Konzil nach Ephesos ein, um diesen Streit zu klären. Der Kaiser ließ – im Zusammenspiel religionspolitischer Kräfte und Interessen der Kirchenführungen in Rom und Alexandrien gegen die Kirchenführung in Antiochien – die Lehren des Nestorius verurteilen. Die Frage nach dem Verhältnis zwischen göttlicher und menschlicher Natur wurde jedoch nicht geklärt. Dies geschah genau zwei Jahrzehnte später in Chalkedon, heute ein östlicher Stadtteil von Istanbul, mit folgender Formel: In Christus sind die menschliche und die göttliche Natur «unvermischt, unverwandelt, ungetrennt und ungesondert» vorhanden, wobei Christus mit dem Vater «wesensgleich» ist im Bezug auf die Gottheit und mit den Menschen «wesensgleich» ist im Bezug auf die Menschheit. Damit hatte eine Diskussion von mehr als einundhalb Jahrhunderten ein Ergebnis erreicht, das sich in der Folge für die Kirche der lateinisch-abendländischen und der byzantinisch-orthodoxen Welt, nicht aber für die orientalische Welt als tragfähig erweisen sollte.

a) Orientalisches Christentum: Die in Chalkedon erarbeitete Dogmatisierung wurde von den Anhängern des Nestorius, dem Bischof von Alexandrien, aber auch von anderen Bischöfen des Orients, die aus verschiedenen Gründen am Konzil in Chalkedon nicht teilnehmen konnten, nicht akzeptiert.

Nach der Verurteilung des Nestorius auf dem Konzil von Ephesus entstand die «Perserkirche» bzw. der ostsyrische Nestorianismus als erste orientalische Nationalkirche. Die Christen in Persien hatten sich aus politischen Gründen bereits 424 verselbstständigt, in den 80er Jahren des 5. Jahrhunderts übernahmen sie die Theologie des Nestorius mit eigener Kirchenorganisation. Vom 7. bis ins 13. Jahrhundert war diese Richtung die dominierende Form des Christentums in Zentralasien und China; in Indien sind diese Christen als Thomaschristen bekannt. Die geographische Verbreitung dieser ostsyrischen Christen – nominell vom Bischofssitz in Ktesiphon in der Nähe von Bagdad geleitet – ermöglichte die Entwicklung von Lokalformen.

Eine weitere syrische Kirche ist die ab dem 6. Jahrhundert organisierte so genannte Jakobitische oder westsyrische Kirche: Sie betont die göttliche Natur in Christus, der die menschliche Seite deutlich untergeordnet wird; damit stehen die Westsyrer ebenfalls in Opposition zum Konzil von Chalkedon. Die Blüte dieser syrischen Kirche nahm mit der Verbreitung des Islam ab, eine weitere Schwächung setzte im 16./17. Jahrhundert ein, als Vertreter des lateinisch-abendländischen Christentums diese orientalischen Christen als Missionsziel entdeckten, wodurch es zu einer Konfessionalisierung der zahlenmäßig ohnehin kleinen Christengemeinden in der islamischen Umwelt kam.

In Armenien fand das Christentum im 3. Jahrhundert Eingang. Es war immer eng mit dem Staat verbunden, um Armeniens eigenständige Position zwischen dem römischen und dem persischen Reich zu stärken. Dazu diente auch die Ablehnung der Konzilsbeschlüsse von Chalkedon, was endgültig in zwei Landessynoden in Dvin in der Mitte des 6. Jahrhunderts geschah. Seither ist diese Kirche sowohl theologisch als auch organisatorisch eigenständig. Bis zur Gegenwart haben armenische Christen zahlreiche Werke religiöser Literatur und Kunst geschaffen.

Die Anfänge des Christentums in Ägypten reichen ins 1. Jahrhundert zurück. Nach dem Konzil von Chalkedon entwickelte sich ausgehend von Alexandrien eine eigenständige Form des Christentums unter Verwendung der koptischen Sprache als Abgrenzungsmerkmal gegenüber der byzantinischen Welt. Mit der Islamisierung Ägyptens seit der Mitte des 7. Jahrhunderts wurde das Christentum zu einem Identitätsmerkmal, um sich von der islamischen Umwelt zu unterscheiden. Bis zur Gegenwart haben die Kopten in Ägypten liturgisch und theologisch eine lebendige Form des Christentums bewahrt. In organisatorischer Hinsicht hat sich von der koptischen Kirche im Jahr 1959 die äthiopische Nationalkirche getrennt, die sich sprachlich, liturgisch und kulturell, nicht aber theologisch während des ganzen 2. Jahrtausends gegenüber dem koptischen Christentum eigenständig entwickelt hatte.

b) Byzantinisch-orthodoxes Christentum: Darunter versteht man jenen Traditionsstrang, der an der in Chalkedon formulierten Glaubenslehre festhält. Als besonderes theologisches Merkmal ist die Wertschätzung des Heiligen Geistes hervorzuheben. Daher hält man die im westlichen Christentum seit dem 6. Jahrhundert – zunächst in Spanien und Gallien – als Erweiterung zum Text des Konzils von Nizäa hinzufügte Aussage, dass der Heilige Geist «aus dem Vater *und dem Sohn* hervorgeht», für eine Schmälerung der Göttlichkeit des Heiligen Geistes und Gewichtsverschiebung innerhalb der Trinitätslehre (Dreieinigkeit). Diese Sichtweise wurde zu einer theologischen Basis für nachfolgende Spaltungen.

Ferner ist die Kirchenorganisation zu beachten. Die Konzilien des 3. und 4. Jahrhunderts betonten, dass die fünf großen Bischofssitze Rom, Konstantinopel, Alexandrien, Antiochien und Jerusalem Vorrechte gegenüber anderen Bischofssitzen haben. Dabei hatte Rom innerhalb dieser fünf Bischofssitze (Patriarchate) die Position des «Ersten unter Gleichen». Als die Bischöfe (Päpste) von Rom seit der zweiten Hälfte des 1. Jahrtausends zunehmend die Vorherrschaft (Primat) über alle Bischofssitze anstrebten und sich vermehrt in lokale Bischofsernennungen und in theologische Entscheidungen einmischten, regte sich in Konstantinopel Widerstand. Diese Konfrontationen nahmen vom 9. bis zum 11. Jahrhundert zu und endeten im gegenseitigen Kirchenbann im Jahr 1054. Damit war die Einheit der lateinischen und der griechischen Kirche endgültig zerbrochen, nachdem die theologischen Unterschiede bezüglich der Trinitätslehre und der Verehrung von Bildern (*Tafel 7b*) ohnehin bereits eine inhaltliche Entfremdung offenbart hatten.

Innerhalb der byzantinisch-orthodoxen Christenheit blieb im 2. Jahrtausend die Vorrangstellung des Patriarchats von Konstantinopel bestehen. Nach der Eroberung Konstantinopels im Jahr 1453 durch die Osmanen erkannten auch die muslimischen Machthaber den Patriarchen als Führer der christlichen Minderheit an. Zugleich entwickelten sich – entlang ethnischnationaler Grenzen – eigenständige orthodoxe Nationalkirchen. Heute gibt es 16 solche Konstantinopel gleichgestellte Kirchen, die größte ist die Russisch-Orthodoxe Kirche.

c) Lateinisch-abendländisches Christentum: Das westliche Christentum setzte die Dogmatik der frühen Konzilien fort. Nach der Christianisierung der Franken im 6. Jahrhundert entwickelte sich im 8. Jahrhundert eine enge Verbindung zwischen der religiösen Vorherrschaft des Bischofs von Rom und der weltlichen Vorherrschaft des Frankenkönigs. Die Krönung Karls des Großen zum christlichen römischen Kaiser im Jahr 800 war der vorläufige Höhepunkt dieser Verbindung und stellte das lateinisch-abendländische Christentum nunmehr als politische Größe dem byzantinischen Christentum gegenüber, mit den daraus resultierenden Ansprüchen, die im 11. Jahrhundert zur Trennung zwischen Ost und West führten.

Danach sah sich die lateinische Kirche nicht nur als einzig wahre Form des Christentums, sondern war auch bemüht, alle Christen zu dieser Form zurückzubringen – zunächst diejenigen in der islamischen Welt durch die Kreuzzüge. Innertheologisch erlebte die abendländische Kirche einen Aufschwung in Verbindung mit der Philosophie, vor allem durch Thomas von Aquin (1226–1274). Auch neu entstehende Orden trugen zur Förderung der Theologie bei. Gleichzeitig nahmen aber auch die Spannungen und die Entfremdung zwischen den Gläubigen und der – mit der weltlichen Macht verknüpften – Kirche zu. Seit dem Beginn des 15. Jahrhunderts setzten Reformströmungen ein. Johannes Hus (hingerichtet 1415) war einer der ersten Reformer.

Ein Jahrhundert später entwickelte der ehemalige Mönch Martin Luther (1483–1546) seine Lehre, dass der Mensch allein durch den Glauben, nicht jedoch durch eigene Werke erlöst werden kann. Diese aus dem Brief des Apostels Paulus an die Römer im Neuen Testament gewonnene Sicht stellte den seit dem Hochmittelalter theologisch und philosophisch begründeten besonderen Rang der Priester in Frage und betonte das allgemeine Priestertum aller Gläubigen. Das hatte zahlreiche Konsequenzen für die Kirchenorganisation und den Standesunterschied zwischen Priestern und Laien. Dabei geht es nicht bloß um organisatorische Hierarchien oder um die Frage, ob ein Bischof den Vorrang gegenüber einem anderen hat, sondern um die Frage, ob ein Bischof überhaupt die theologische Vorrang-

Tafel 8: Zeittafel zum Christentum

ca. 30	Kreuzigung Jesu
ca. 32/33	Bekehrung des Paulus
Ende 1. Jh.	Abschluss des Neuen Testaments
Beginn 2. Jh.	Frühe gnostisch-christliche Strömungen
vor 180	Beginn der Übersetzung des Neuen Testament ins Lateinische und Syrische
276/277	Tod Manis, des Stifters des Manichäismus, einer mit dem Christentum konkurrierenden gnostischen Religion
313	Mailänder Toleranzedikt
325	Konzil von Nizäa, Verurteilung der Lehren des Arius
451	Konzil von Chalkedon mit Dogmatisierung der Lehre von zwei Naturen in Christus; Trennung der orientalischen Kirchen von der Kirche im römischen Kaiserreich
seit 637	Beginnende Islamisierung vormals christlicher Gebiete im Vorderen Orient und in Nordafrika
719–754	Bonifatius' Missionstätigkeit trägt zur Verbreitung des Christentums im Raum des heutigen Deutschland bei.
732	Karl Martell stoppt die Ausbreitung des Islam in Westeuropa.
1054	Bruch zwischen der lateinisch-abendländischen und der byzantinisch-orthodoxen Kirche
1074	Papst Gregor VII. führt den Pflichtzölibat in der lateinischen Kirche ein.
1096–1270	Zeitalter der Kreuzzüge
1453	Eroberung von Konstantinopel durch die Osmanen
1517	Beginn der Reformation in Deutschland durch Martin Luther (1483–1546)
1522	Beginn der Reformation in Zürich durch Huldrych Zwingli (1484–1531)
1531	König Heinrich VIII. von England trennt sich von der römischen Kirche und wird 1534 Oberhaupt der Anglikanischen Kirche.
1541	Beginn der Reformation in Genf durch Johannes Calvin (1509–1564)
1545–1563	Konzil von Trient leitet die kath. «Gegenreformation» ein.
1648	Westfälischer Friedensschluss in Münster beendet Konfessionskriege.
1870/1871	Erstes Vatikanisches Konzil und Entstehung der Altkatholischen Kirche
1948	Gründung des «Ökumenischen Rates der Kirchen»
1962–1965	Zweites Vatikanisches Konzil
2013	Papst Benedikt XVI. verzichtet am 28. Februar auf sein Amt als Oberhaupt der Römisch-Katholischen Kirche.

stellung beanspruchen kann, wenn alle Gläubigen Anteil am Allgemeinen Priestertum haben und Erlösung nur durch göttliche Gnade möglich ist. Diese Grundsatzfrage trennte innerhalb der lateinisch-abendländischen Kirche die auf Luther – einschließlich der theologischen Impulse weiterer Reformatoren wie Huldrych Zwingli (1484–1531) und Johannes Calvin (1509–1564) – zurückgehende Tradition der protestantischen Kirchen von der römisch-katholischen Kirche (*Tafel 7c*), aber auch von den orientalischen und orthodoxen Kirchen. Vor dem Hintergrund dieses Grundsatzunterschiedes sind weitere Verästelungen innerhalb des abendländischen Christentums, etwa die Entstehung der Anglikanischen Kirche (16. Jahrhundert) oder der Altkatholischen Kirche (1871), theologisch von untergeordneter Bedeutung.

3. Praxis und Lebensgestaltung

a) Weihnachten, Ostern und Pfingsten: Das Geburtsfest Jesu ist im abendländischen Christentum heute sicherlich das beliebteste – und zugleich «entchristlichste» – Fest. Der theologische Aspekt des Festes ist auf drei getrennte Tage verlagert worden, indem die Taufe Jesu am Sonntag nach Weihnachten und Epiphanie, die «Erscheinung des Herrn» als Retter aller Menschen, am 6. Januar gefeiert wird. Dadurch wurde in der Wahrnehmung Weihnachten auf die Geburt – als weitgehend menschliches Ereignis – reduziert. Diese teilweise «Enttheologisierung» ist im orthodoxen Christentum weniger stark ausgeprägt, da dort Weihnachten ungleich deutlicher als Mysterium der Fleischwerdung Christi im Bewusstsein geblieben ist.

Theologisch ist das Osterfest als Feier der Auferstehung Jesu das wichtigste Fest für alle Christen, wobei Dauer, Gestaltung und theologische Schwerpunktsetzung in den einzelnen Kirchen variieren. Die Wurzeln des Festes sind die Feier des Sonntags und das jüdische Pessachfest; im europäischen Mittelalter wurde die Gestaltung des Festes durch Natursymbolik bereichert. Das römisch-katholische Christentum sieht das Osterfest als *triduum sacrum* («drei heilige Tage»), das heißt als Feier des Leidens (Gründonnerstag), Sterbens (Karfreitag) und Auferstehens

(Osternacht/Ostersonntag) Jesu, dem der Einzug Jesu in Jerusalem (Palmsonntag) vorangestellt wurde. Insofern vermittelt die Feier den Eindruck eines historischen Verlaufsplans, obwohl sie einem einzigen Glaubensinhalt gilt. Diese Theologisierung ist auch für die liturgische Praxis im Protestantismus wichtig, obwohl die Volksfrömmigkeit manchmal dazu neigt, den Karfreitag mit dem Kreuzestod als den wichtigsten protestantischen Feiertag zu bewerten, was aus theologischer Sicht falsch ist. Die Osterfeier der orthodoxen Kirchen markiert ebenfalls in ihrem Ritualverlauf die zentralen Ereignisse des Leidens und Auferstehens Jesu. Da die orthodoxen Kirchen den Ostertermin bis zur Gegenwart nach dem julianischen Kalender berechnen, ist zwischen der katholischen und protestantischen Feier des Ostersonntags und der orthodoxen Feier in manchen Jahren ein Abstand von bis zu fünf Wochen möglich.

Der Bedeutung des Osterfestes für alle Christen entspricht ferner, dass die unmittelbare Osterzeit im Kirchenjahr in beide Richtungen verlängert wurde, beginnend mit vorbereitenden Fasten- und Bußzeiten, fortgesetzt in der fünfzigtägigen Osterzeit, die mit dem Pfingstfest endet. Das Pfingstfest ist mit der Sendung des Heiligen Geistes an die Jünger Jesu verbunden, was im römisch-katholischen Christentum auch als «Geburtsstunde» der Kirche gefeiert wird. Wegen der wichtigen theologischen Rolle des Heiligen Geistes in den orthodoxen Kirchen ist Pfingsten dort stärker als Fest der Trinität charakterisiert.

b) Sonntagsgottesdienst und Abendmahl: Der Sonntag als Tag der Auferstehung etablierte sich bereits im 1. Jahrhundert als erster Festtag im Christentum, an dem sich die Christen durch die Teilnahme an der Eucharistie an das Leiden und Sterben Jesu erinnerten und die Gemeinschaft mit dem Auferstandenen suchten – gleichsam als Ausdruck der Hoffnung auf die eigene Auferstehung nach dem Tod. Im Jahr 337 wurde der Sonntag durch Kaiser Konstantin zum arbeitsfreien Tag erklärt.

Innerhalb des Katholizismus ist die Teilnahme an der Eucharistiefeier am Sonntag kirchenrechtliche Pflicht. Nach katholischem Verständnis ist Christus in Brot und Wein real präsent, so dass die Eucharistiefeier zugleich eine Gemeinschaftserfahrung mit Gott ist. Der Protestantismus kennt kein Gebot der verpflichtenden Teilnahme am Sonntagsgottesdienst und betont im Abendmahl den Aspekt des Gedächtnisses an Jesus, das Gemeinschaft mit ihm schafft. Nach orthodoxem Verständnis ist der Sonntag nicht nur Gedenktag der Auferstehung, sondern auch der Schöpfungstat Gottes. Die Teilnahme am Sonntagsgottesdienst bringt damit zugleich zum Ausdruck, dass man jede «menschliche» Handlung in dem Bewusstsein vollziehen möchte, dass Gott zuerst zum Heil aller Menschen gehandelt hat. Die Feier der Eucharistie bzw. «himmlischen Liturgie» gilt als Arznei der Unsterblichkeit, so dass man in Jesus lebt.

c) Taufe: Allen großen christlichen Traditionen gemeinsam ist die Taufe als Aufnahme in die Gemeinschaft, die als «Sakrament» bzw. «Mysterium», d. h. als ein heiliges Zeichen, auf die unsichtbare Wirklichkeit hinweisen soll. Neben dieser theologischen Bedeutung kommt der Taufe auch die Funktion eines *rite de passage*, eines Übergangsritus mit Statusveränderung, zu. Die «Mischung» von theologischer Symbolik und *rite de passage* wird besonders hinsichtlich der (katholischen) Firmung, der (evangelischen) Konfirmation und der (orthodoxen) Myronsalbung deutlich. Theologisch handelt es sich dabei um eine Stärkung durch den Heiligen Geist, was in der orthodoxen Kirche am deutlichsten zum Ausdruck kommt, insofern Myronsalbung und Taufe rituell verbunden sind. Die katholische Firmung bewahrt den theologischen Charakter der Geiststärkung und ist – wie die Myronsalbung – Sakrament; durch die zeitliche Trennung von Taufe und Firmung wird bei den Katholiken die Firmung aber zugleich auch zum Aufnahmeritus in eine neue Lebensphase als (junger) Erwachsener. Im Protestantismus wurde von Luther die katholische Firmung als Sakrament abgelehnt, als nützlicher Erinnerungsakt an die Taufe jedoch beibehalten. Daher kann man die Konfirmation als *rite de passage* mit dem Aspekt der Stärkung und Bestätigung der Zugehörigkeit zur Kirche bezeichnen.

d) Ehe und Enthaltsamkeit: Im orthodoxen und katholischen Christentum gehört die Ehe zu den Sakramenten bzw. Mysterien, wobei die orthodoxe Kirche auch die Ehescheidung und Wiederverheiratung kennt. Im protestantischen Christentum hat die Ehe keinen sakramentalen Charakter, doch wurde sie gegenüber der Ehelosigkeit deutlich aufgewertet. Diese unterschiedlichen theologischen Ansätze stehen in Zusammenhang mit der Einstellung zu Formen der Enthaltsamkeit. Die katholische Tradition bewertet Ehelosigkeit – auch in der Form des Zölibats der Priester – tendenziell höher als die Ehe. Das hat im Laufe der Geschichte zu Tendenzen der Leibfeindlichkeit einschließlich der Geringachtung der Sexualität geführt. Insgesamt bietet der Komplex der (sakramentalen) Ehe, Ehescheidung und Ehelosigkeit einschließlich der modernen (nicht theologischen) Form des Single-Daseins in Kombination mit Fragen hetero- und homosexueller Beziehungen außerhalb bzw. innerhalb der Ehe derzeit ein zentrales Spannungsfeld christlicher Lebenspraxis, in dem aus theologischen Traditionen abgeleitete Positionen und der gesellschaftliche Wertewandel häufig nicht mehr deckungsgleich sind.

e) Ethik und Recht: Manchmal wird als ein Grundcharakteristikum des Christentums die Gottes- und Nächstenliebe hervorgehoben, die zur Grundlage von ethischem Handeln wird. Auch die «Zehn Gebote» aus dem Alten Testament und die (Berg-)Predigt Jesu aus dem Neuen Testament sind Quellen der Ethik, die in allen christlichen Konfessionen tragfähig sind. Außerdem darf man nicht ihren normativen Einfluss auf die – vor allem europäische – Kultur übersehen. Über den bis in die Moderne andauernden abendländischen kulturellen Hegemonieanspruch wurden Aspekte dieser Ethik auch – etwa bei der Formulierung allgemeiner Menschenrechte – auf kulturell und religiös anders geprägte Bereiche übertragen, nicht immer ohne Widerstand, wie etwa in asiatischen Gesellschaften; teilweise wurde dieser Ethik- und Kulturtransfer auch durch – ebenfalls aus der biblischen Tradition stammende – Elemente jüdischer Ethik ergänzt, beispielsweise in Nordamerika.

Ethik als Grundlage der Lebensführung und religiöses Recht werden in der katholischen Tradition auch miteinander verbunden, vor allem Bereiche des religiösen Rechts, die als göttliches Recht aus der Offenbarung und der göttlichen Schöpfungsordnung abgeleitet und damit zur verpflichtenden Richtlinie der Lebensführung des Einzelnen werden. Im orthodoxen Raum regelt das religiöse Recht zwar die institutionelle Seite der Kirche, die Lebensführung des Einzelnen wird davon aber ungleich weniger bestimmt. Im Protestantismus ist die «Verrechtlichung» der religiösen Lebensführung noch geringer, da diese der Verkündigung des Wortes Gottes aus der Bibel und den beiden Sakramenten (Taufe, Abendmahl) vollkommen nach- und untergeordnet ist.

4. Die kulturprägende Kraft

Anhand der Ethik und des Weihnachtsfests ist schon deutlich geworden, dass ursprünglich christliche Traditionen in manchen Punkten allgemeines «Kulturgut» geworden sind. Einige weitere Beispiele können zusätzlich benannt werden. Die klösterliche Struktur des vor allem lateinisch-abendländischen Christentums hat stärker als das Mönch- und Eremitentum der orthodoxen und orientalischen Traditionen dazu beigetragen, als «Bildungsinstitution» einen Teil des geistigen Erbes der Antike über die Völkerwanderungszeit zu bewahren und damit eine Brücke der Kulturkontinuität von der Antike zum Mittelalter zu schlagen. Bei diesem Transfer darf vor allem aber auch die Rolle der nestorianischen Christen im Orient in frühislamischer Zeit nicht übersehen werden, die griechisch-antikes Bildungsgut in Übersetzung an islamische Gelehrte weitergegeben haben, ehe es über solche islamischen Kanäle zurück nach Europa gelangt ist.

Ein anderer erwähnenswerter Aspekt ist die bildende Kunst des Abendlandes, deren Motive nicht selten der biblischen Tradition, aber auch den Legenden christlicher Heiliger entnommen sind. Soweit diese Kunst außerhalb unmittelbarer religiöser Kirchenbauten entstanden ist, wurde dabei von der religiö-

Tafel 9: Das Christentum in Armenien

Die seit 1991 unabhängige Republik Armenien hat 29 800 km² und 3,02 Millionen Einwohner (2015). Rund 93,5 % der Bevölkerung des Staates sind Armenier, eine Minderheit sind 1,7 % Kurden. Religiös dominiert die Armenisch-Apostolische Kirche als Nationalkirche, der nach inoffizieller staatlicher Auffassung alle Armenier angehören, de facto aber nur ca. 80 %. Religiöse Minderheiten sind die Angehörigen der Russisch-Orthodoxen Kirchen, des Protestantismus sowie das kurdische Yezidentum; die Zahl der sunnitischen Muslime beschränkt sich auf mehrere Tausend Kurden.

Die Armenisch-Apostolische Kirche führt ihren Ursprung auf die Apostel Thaddäus und Bartholomäus zurück und verbindet die flächendeckende Missionierung des Landes mit der Tätigkeit des Bischofs Gregor des «Erleuchters» während der Regierungszeit von König Tiridates III. (um 298–300), wodurch Armenien nach eigenem Verständnis das älteste christliche Land ist. Die Eigenständigkeit ist durch die Ablehnung der Beschlüsse des Konzils von Chalkedon (451) bestimmt, die endgültig in der Landessynode in Dvin (552) geschehen ist. Kirchenrechtlich-hierarchisch wird die Kirche vom Katholikos geleitet; je nach der politischen Situation verlagerte sich der Sitz des Katholikos an unterschiedliche Zentren, seit 1441 residiert dieser in Etschmiadzin, etwa 20 Kilometer von der armenischen Hauptstadt Jerewan entfernt. Politische und wirtschaftliche Umstände zwangen Armenier seit dem 16. Jahrhundert, sich außerhalb ihres Heimatlandes niederzulassen; dadurch leben heute rund sechs Millionen Armenier außerhalb des Landes.

In den letzten Jahrzehnten des 19. Jahrhunderts erlebten die Armenier einen nationalen Aufbruch, der jedoch durch den Genozid im Jahr 1915 in der Osttürkei sowie durch die Einverleibung Armeniens in die Sowjetunion im Jahr 1920 ein plötzliches Ende fand. In der zweiten Hälfte des 20. Jahrhunderts gelang es vor allem dem Katholikos Vasgen I. (1956–1995), eine Integrationsfigur für alle Armenier zu werden, was auch dem Status der Kirche unter der kommunistischen Herrschaft eine gewisse Erleichterung brachte. Mit der Unabhängigkeit des Landes wurde die Armenisch-Apostolische Kirche zu einer Säule im Prozess der Neufindung und Neubestimmung nationaler Identität und Souveränität, wobei der derzeitige Katholikos Karekin II. Nersessian (geboren 1951) vor der Aufgabe steht, mit seiner Kirche nicht nur die Herausforderungen der modernen Welt zu bewältigen, sondern auch die Rolle der Kirche in den Spannungen zwischen Nationalbewusstsein und ethnischen Minderheiten positiv und verantwortlich für die Harmonie im Staat zu gestalten.

sen Botschaft abstrahiert. Im orthodoxen Christentum ist die Ikonenmalerei zu nennen, die allerdings ohne den konkreten religiösen Kontext nicht existieren kann: Die gemalte Ikone ist nie «bloßes» Kunstwerk, sondern formgewordene Theologie, und der Maler kann die Ikone nur in einem Akt der «Mystik» oder der gläubigen Verbindung mit dem Objekt, das er malen will – Christus, Maria, Heilige – erschaffen. Deshalb sind Ikonen niemals nur kulturelle Bildwerke, die religiöse Motive darstellen, sondern in erster Linie Ausdruck religiöser Lebenspraxis.

Auch wenn in einem Zeitalter der Säkularisierung in Westeuropa und Nordamerika das lateinisch-abendländische Christentum hinsichtlich seiner Verbreitung seit einigen Jahrzehnten rückläufig ist, bleibt es in der Form der Zivilreligion, die u. a. ein Produkt der kulturprägenden Kraft des Christentums ist, ein weiterhin nicht zu übersehender Faktor abendländischer Geistesgeschichte. Für die orthodoxen Kirchen haben die politischen Veränderungen in Osteuropa seit dem Ende der 80er Jahre des 20. Jahrhunderts insofern eine neue Situation geschaffen, als sie nunmehr die Möglichkeit haben, aus der eigenen religiösen Position heraus zur kulturellen Neugestaltung dieses Raumes beizutragen. Aber auch orientalische Kirchen wie das Armenische (*Tafel 9*) oder Georgische Christentum können in diesem politischen Umgestaltungsprozess nach einer Periode der Unterdrückung wieder kultur- und nationenprägend wirken.

Abschließend seien noch einige Zahlen zur aktuellen Verbreitung des Christentums genannt: Rund 50% der derzeit knapp zwei Milliarden Christen werden zur römisch-katholischen Tradition gerechnet, etwa 350 Millionen gehören dem Protestantismus an, etwa die gleiche Zahl so genannten «unabhängigen» Kirchen (z. B. Baptisten, Methodisten), die sich zum Großteil historisch-theologisch der protestantischen Tradition zuordnen lassen, dabei allerdings betonen, dass sie organisatorisch von protestantischen Kirchen unabhängig sind. Etwa 225 Millionen Menschen gehören einer orthodoxen Tradition an, während zu den orientalischen Kirchen nur etwa 50 Millionen gehören. In Bezug auf Deutschland kann man folgende Zahlen anführen: Die römisch-katholische Kirche und die evangelischen Kirchen haben derzeit etwa je 27 Millionen Mitglieder, den orthodoxen Kirchen gehören rund 1,2 Millionen Menschen an, während die verschiedenen orientalischen Kirchen ungefähr eine Gesamtzahl von 115 000 Gläubigen aufweisen. Insofern spiegelt die aktuelle Situation in Deutschland die vielfältigen Richtungen innerhalb des Christentums durchaus treffend wider.

Daoismus

Die geläufige Bezeichnung Daoismus ist abgeleitet von *dao*, was einerseits den «Weg» als Norm oder (wünschenswerten) Standard der Lebensführung, andererseits aber auch die Regelhaftigkeit der Vorgänge im Universum bezeichnet. Somit ist *dao* zunächst als ein Begriff zu verstehen, der sich auf eine Wirklichkeit hinter den sinnlich fassbaren Erscheinungen bezieht. Verschiedene Vorstellungen bzw. Interpretationen dieses *dao* werden seit dem 3. Jahrhundert v. Chr. schrittweise in verschiedenen Werken der chinesischen Literatur entfaltet, die als *daojia* (Lehre vom *dao*) zusammengefasst werden. Diese frühe «Lehre vom Dao» versteht sich nicht als Religion, sondern als philosophisches System. Erst im 2. Jahrhundert n. Chr. ist der religiöse Daoismus entstanden. Den mannigfachen Praktiken des religiösen Daoismus geht es immer um Harmonie und Gleichgewicht zwischen Mikrokosmos und Makrokosmos sowie um die ausgewogenen Wechselwirkungen zwischen Göttern und Menschen und die Beziehungen zwischen den bipolaren Kräften *yin* und *yang*, die durchaus geeignet sind, einen zentralen Gedanken des Daoismus symbolisch auszudrücken, auch wenn dieses Symbol nicht auf den Daoismus beschränkt werden darf.

1. Laozi als fiktiver Religionsstifter

Als Urheber des philosophischen Daoismus gilt traditionell Laozi (Laotse), der neben Konfuzius (551–479) die berühmteste Gestalt des chinesischen Altertums ist. Daoistische Texte, die vermutlich aus dem 4. und 3. Jahrhundert v. Chr. stammen, nennen zwar einen Laozi, allerdings nicht aus Interesse an seiner konkreten Person, sondern nur als Vermittler philosophischer

Gedanken. Das Namenselement *lao* bedeutet «alt», dürfte aber eher der Legendenbildung, die Laozi als «alten Weisen» charakterisiert, zu verdanken sein als einem tatsächlichen Namen. Manche Traditionen billigen ihm ein legendäres Alter von 160 bis 200 Jahren zu.

Laozis Historizität ist nicht sicher nachweisbar, und über sein Leben sind wir nur unzulänglich informiert. Die etwa um 100 v. Chr. von Sima Qian verfasste Biographie weiß schon nicht mehr im Detail über diesen Denker Bescheid. Das Wenige, das der Legendenschatz möglicherweise an historisch Haltbarem bewahrt hat, ist die Erinnerung daran, dass Laozi Archivar am Hofe des Chou-Königs war, mit Konfuzius zusammengetroffen sein dürfte und sich von China ins westliche Grenzgebiet begab, wo sich seine Spuren verlieren. Dass die Begegnung zwischen Konfuzius und Laozi spätestens im 2. Jahrhundert v. Chr. fest in der Tradition verankert war, ist zwar durch bildliche Darstellungen gesichert, beweist aber nicht die Historizität des Ereignisses.

Seit dem 2. Jahrhundert n. Chr. begann Laozis Verehrung als vergöttlichtes Wesen, indem ihm (ähnlich wie Buddha) Opfer dargebracht wurden. Dass Laozi ab diesem Zeitpunkt als «Stifter» einer Kultgemeinde und nicht mehr nur als philosophischer Lehrer gesehen wurde, hängt mit der beginnenden Verbreitung des Buddhismus in China zusammen. Analog zu Buddha als transzendentem Verehrungsobjekt wird Laozi nun zum Fokussierungspunkt für eine Kultgemeinde. Für den religiösen Daoismus wird Laozi dadurch unbestritten zum Urheber der Religion, was sich auch im konkreten Kult widerspiegelt. Laozi wird als einer der «Drei Reinen» auf dem Hauptaltar in Tempeln dargestellt, bzw. werden von manchen Daoisten sogar alle drei Gottheiten als drei Erscheinungsformen Laozis interpretiert.

Zentrale Grundzüge des philosophischen Daoismus aus den letzten Jahrhunderten v. Chr. lassen sich aus zwei Werken jener Zeit ablesen, aus dem *Daodejing* und dem *Nanhuajing*. Das *Daodejing*, das «Buch vom Dao und seiner Wirkkraft», wird Laozi zugeschrieben und liefert eine grundlegende Beschreibung des komplexen Begriffs *dao* in Aphorismen. Ähnliche Themen werden auch im *Nanhuajing*, dem «Buch vom südlichen Blütenland», verhandelt, das dem Philosophen Zhuangzi (4. Jahrhundert) zugeschrieben wird. Beide Bücher hatten ursprünglich nichts mit religiöser Thematik zu tun, sondern konnten als Leitfaden für die Lenkung des Staates verstanden werden (*Tafel 10a*). China war von der Mitte des 1. Jahrtausends v. Chr. bis zum Beginn der Han-Dynastie (221 v. Chr.) politisch nicht geeint, so dass politische Ratgeber und Philosophen für lokale Herrscher unterschiedliche Modelle entworfen haben, wie die Herrschaft in weiser Form auszuüben sei, um dem Land die Einigung zu bringen. Neben solchen Handlungsanweisungen für die Gesellschaft legen frühe daoistische Texte ihr Augenmerk auch darauf, dem Herrscher das harmonische Zusammenwirken von Natur und Kosmos nahe zu bringen und auch den Menschen wieder in Einklang zu setzen mit dem *dao* als Urgrund des Kosmos. Damit wird jedoch bereits der frühe Daoismus von einer staatstheoretischen Philosophie zu einer (esoterischen) Lehre, die auch die Lebenskräfte im Einzelnen stärken will. Techniken der Atemkontrolle und Enthaltsamkeitspraktiken sind dabei hilfreich. Wer sich solcher Techniken – in Übereinstimmung mit dem *dao* – bedient, kann alle lebensbedrohenden Gefahren überwinden. Dieses Streben nach Verbesserung der kollektiven sowie individuellen Lebensführung bildet schließlich gemeinsam mit der Vergöttlichung Laozis die Grundlage für den religiösen Daoismus.

2. Historische Entwicklungen

Als Religion wird der Daoismus in China seit dem 2. Jahrhundert n. Chr. fassbar, wobei sich drei Perioden unterscheiden lassen, nämlich die formative Periode vom 2. bis zum 6. Jahrhundert mit der Entstehung des Daoismus der Himmelsmeister, die Periode der Konsolidierung vom 7. bis zum 10. Jahrhundert und die Periode der rituellen Diversifikation vom 11. Jahrhundert bis zur Gegenwart.

Tafel 10: Ausgewählte Texte zum Daoismus

a) Aus dem Daodejing, Nr. 60 (zitiert nach E. Schwarz [Übers.]: Laudse (Lao-tse). Daudedsching (Tao-te-king), München 1980, 110).
«Den Staat regiert man, wie man kleine Fische brät. Wird nach dem Dao gelenkt das Reich, sind die Totengeister nicht mehr zauberkräftig. Nicht, daß sie keine Zauberkraft besäßen, ihre Zauberkraft stört die Menschen nicht mehr. Nicht nur ihre Zauberkraft stört die Menschen nicht mehr, auch der Weise stört nicht mehr die Menschen. Und da beide ihr De nicht mehr störend vertun, fließt es gemeinsam zurück ins Dao.»

b) Die Drei Reinen und der Tempel (zitiert nach F. C. Reiter: Religionen in China, München 2002, 100 f.).
«Die höchsten kosmischen Sphären der ‹Drei Reinen›, die zehn Provinzen, die fünf heiligen Berge und all die anderen berühmten Berge, die Grottenhimmel und die Freiräume der Atmosphäre, sie alle sind Bereiche, in denen die Heiligen ihre Macht ausüben. In manchen Fällen lassen sie den Odem sich zusammenziehen, um Plateaus, mehrstöckige Pavillons und Paläste zu formen. Oder sie nehmen Logis in den Tortürmen zu den Sternkonstellationen sowie in Sonne und Mond. Manche dieser Heiligen mögen in dampfenden Wolken oder in den von der Abendröte gefärbten Himmelsregionen wohnen. Manche dieser Residenzen entstehen ganz spontan, weil die Heiligen dies so wollen. Sind sie gebaut, so werden sie über unendliche Zeitläufe hinweg erhalten. Andere Residenzen sind zu irgendeinem bestimmten Zeitpunkt auf den Inseln der Unsterblichen […] errichtet worden.»

c) Ritualanweisung (zitiert nach R. Malek: Das Chai-chieh lu. Materialien zur Liturgie im Taoismus, Frankfurt 1985, 115–117).
«Wer ein *chai* durchführen will, soll sich strikt von Kindern, die um ihre Eltern trauern, von Frauen, die kürzlich geboren haben oder deren Menstruation noch andauert, fernhalten (sie sind für sie tabu), ebenso von Menschen, die an Magenverstimmungen, Fieber, Entzündungen, Jucken und anderen Krankheiten leiden; diese dürfen nicht zur Chai-Halle oder dessen Hof oder Altar hinaufziehen. Wenn sie auf ihrem Vorhaben bestehen und eindringlich bitten, am *chai* teilzunehmen und um Befreiung von ihren Sünden zu bitten, dann soll man sie ein Memorandum machen lassen und an ihrer Stelle das Sündenbekenntnis und die Reue vorbringen, sie dürfen aber nicht zusammen mit anderen den Tempelbezirk betreten. Auch bei anderen religiösen Verrichtungen soll man (diese Gruppen) absondern und getrennt sitzen lassen.»

a) Zhang Daoling und die Himmelsmeister: Der geographische Schwerpunkt des frühen religiösen Daoismus lag in der Gegend der Stadt Chengdu in Sichuan. Angeblich erschien Laozi dem Einsiedler Zhang Daoling im Jahr 142 in einer Höhle, um ihn zu beauftragen, die Dämonen, die sich wegen des Fehlens der Achtung der Wahrheit in der Welt immer stärker vermehrten, zu überwinden und die Menschen in religiösen Fragen zu leiten. Dadurch wurde Zhang Daoling zum Himmelsmeister (*tian-shi*) initiiert, der alle zum wahren Glauben führen soll. In seinen Offenbarungen formulierte Zhang Daoling den in China weit verbreiteten Gedanken des direkten Zusammenhangs zwischen menschlicher Verfehlung und Krankheit bzw. Unglück sowie die Idee der Wechselwirkung zwischen Göttern und Menschen. Die im vor-religiösen Daoismus als Berater der Politiker für die Staats- und Lebensführung tätigen Spezialisten entwickelten sich innerhalb dieses Systems nunmehr zu priesterlichen Fachleuten (*daoshi*), die die Wechselwirkung zwischen Göttern und Menschen sowie zwischen Mensch und Kosmos durch Rituale positiv zu gestalten vermochten.

Im Mittelpunkt der Lehrinhalte des Daoismus der Himmelsmeister steht die unsichtbare jenseitige Welt mit einem äußerst facettenreichen Pantheon. Die höchste Position in der Götterwelt nimmt eine Dreiheit ein, die «Drei Reinen» (*sanqing*), die als abstrakte Hypostasen die Struktur des Universums verkörpern. Die drei Götter werden unterschiedlich gedeutet, als Hypostase des uranfänglichen Chaos (noch vor der Trennung in Yin und Yang), als Dao, als Tugend; sie können auch mit den drei Lebenssubstanzen des Menschen (*qi*: «Vitalität», «Energie», *jing*: «vitale Essenz» und *shen*: «Geist», «Seele») in Beziehung gesetzt werden. Letztlich durchdringen sie den gesamten Kosmos (*Tafel 10b*). Seit der Song-Dynastie (10.–13. Jahrhundert) wurde der erste der Drei Reinen auch mit dem Jadekaiser gleichgesetzt, der seither als höchste daoistische Gottheit fungierte. Trotz verschiedener Entwicklungsprozesse und Verästelungen des Pantheons blieb die Grundstruktur, die sich am Verwaltungsapparat der Han-Zeit orientierte, relativ stabil. Die Priester wissen auf diesen «Beamtenapparat» einzugehen, indem sie den Menschen «Schuldbekenntnisse» abnehmen und Heil(s)kontrakte zwischen Menschen und Göttern erstellen.

Sündenbekenntnisse sind ein zentraler Punkt innerhalb des Daoismus, vor allem im Zusammenhang mit Krankenheilungen. Der Kranke zieht sich an einen ruhigen Ort zurück, um über seine Sünden nachzudenken. Die schriftlichen Sündenbekenntnisse – als Verträge mit den göttlichen Instanzen – werden dem Himmel (auf Berggipfeln), der Erde (durch Vergraben) bzw. den Flüssen (durch Versenken) dargebracht. Ist die Ursache der Krankheit erkannt, so kann der feine Geist des Menschen durch gute Taten mit dem Himmel in Kontakt treten und dadurch Unsterblichkeit erlangen; denn Krankheiten führen nach der Lehre der Himmelsmeister zum Tod und in die Hölle. Insofern liefert die Idee der gegenseitigen Verbindung von Unsterblichkeit, Krankheit und Tod auch die Basis für das hohe Moralbewusstsein des Daoismus.

Religiöses Ziel des Daoismus ist die Erlangung der Unsterblichkeit. Der Daoist stirbt nur scheinbar, denn begraben wird nicht der wahre Körper, sondern nur etwas, das aussieht wie ein Körper. Der wahre Körper lebt im Paradies oder auf Inseln der Glückseligkeit weiter. Damit steht das Leben des Menschen im Mittelpunkt des Daoismus, denn der Mensch hat mit seinen spirituellen Kräften die Möglichkeit, sein Leben mit der kosmischen Sphäre und den Drei Reinen zu verbinden. Prinzipiell haben dabei Laien und Priester, Männer und Frauen in gleicher Weise Anteil an den spirituellen Kräften, so dass das Dao für alle erkennbar ist und die Möglichkeit, aufgrund reiner Lebensführung, ritueller Praktiken (*Tafel 10c*) und entschiedener Geisteshaltung Unsterblichkeit zu erlangen, allen offen steht.

Die Vermittlung und Tradierung der Lehre erfordert eine enge «Lehrer-Schüler-Beziehung», was auch zur Festigung des Priesterstandes als Gruppe religiöser Spezialisten führte. Eng verbunden mit dieser Etablierung des Priestertums ist die Sammlung daoistischer «Offenbarungsschriften», zunächst derjenigen von Zhang Daoling (z. B. *Xian-er-Zhu*, Zhang Daolings Kommentar zum *Daodejing*), aber auch jüngerer Offenbarungen. Seit dem 5. Jahrhundert bilden die so genannten «Drei Höhlen» (*san-*

dong) den Kern des daoistischen Kanons, wobei die erste Phase der Kanonisierung daoistischen Schrifttums als «Drei Höhlen» nicht gänzlich unbeeinflusst vom buddhistischen Kanon-Konzept der «Drei Körbe» (*tripitaka*) geschehen ist. Neben den «Drei Höhlen» werden weitere daoistische Schriften als die «Vier Ergänzungen» (*si-fu*) mit je zwölf Teilen noch in der formativen Periode dem Kanon hinzugefügt.

b) Die Tang-Zeit: Das 7. bis 10. Jahrhundert war die Zeit der Konsolidierung des Daoismus. Zwar war während der Tang-Zeit der chinesische Staat durch konfuzianische Werte geprägt, doch haben die Tang-Kaiser den Daoismus durch die Anlage von Klöstern sowie durch Finanzhilfen zur Durchführung religiöser Feiern bzw. zum Druck daoistischer Schriften gefördert. Denn die Kaiser betrachteten Laozi als ihren (mythischen) Ahnherrn. Dadurch gelang es den Daoisten mit staatlicher Unterstützung, ihre Religion als den «korrekten» Kult in China weithin durchzusetzen.

Bereits im Jahr 624 soll der Tang-Herrscher Gaozu daoistische Priester ins Königreich Koguryo nach Korea gesandt haben. Dort wurden die Lehren von der Unsterblichkeit und von den Drei Reinen mit autochthonen Konzepten verbunden, so dass der «koreanische Daoismus» für die Koreaner zu einem festen Bestandteil des Landes wurde. Während der Zeit der Vereinten Königreiche von Silla (668–935) kamen auch alchemistische Techniken aus China nach Korea, die besonders in der Oberschicht populär wurden. Auch die Organisation des koreanischen Daoismus nach chinesischem Vorbild setzte in dieser Zeit ein. Trotz der Wechselbeziehung mit China zeigt der koreanische Daoismus ein deutliches eigenständiges Gepräge. Weder der Jadekaiser noch der mythologische Ahnherr Laozi werden für die koreanisch-daoistische Welt- und Geschichtsdeutung rezipiert, vielmehr übernehmen die eigenen mythologischen Figuren Hwanin, Hwanwung und Dangun deren Rolle. Da diese drei koreanischen übernatürlichen Wesen als Einheit gesehen werden können, steht der Weg offen für ihre «Daoisierung» als die Drei Reinen. So zeigt der koreanische Daoismus zugleich, wie sich der chinesische Daoismus wandelt, um sich in einem neuen kulturellen Umfeld in eigenständiger Weise zu entfalten.

c) *Zheng-yi und Quan-zhen*: Die dritte historische Periode der Entwicklung des Daoismus, die man vom Beginn des 12. Jahrhunderts bis zur Gegenwart datieren kann, ist durch die Entstehung verschiedener Gruppierungen charakterisiert, die sich auf jeweils eigene Offenbarungen berufen bzw. die ältere Tradition weiterentfalten. Dies ist v. a. im «Himmelsmeister-Daoismus» der Fall, den man auch als *zheng-yi*, «Schule der Orthodoxie und Einheit», bezeichnet. Die älteren hierarchischen Strukturen mit dem jeweiligen «Himmelsmeister» an der Spitze leben weiter. Heute residiert der 64. Himmelsmeister auf der Insel Taiwan.

Als neue Richtung ist die «Schule der Vollkommenen Integrität» (*quan-zhen*) zu nennen. Begründet von Wang Zhe (1112–1170), ist *quan-zhen* mehr ein Lebensweg und weniger eine Darbietung neuer Inhalte. Denn charakteristisch für diese daoistische Richtung ist die deutliche Lösung vom familiären, sozialen Umfeld, indem eine zölibatäre Lebensweise und Klosterstrukturen Eingang in den Daoismus finden. Der Zölibat dient der «Rückführung der Samenessenzen zur Pflege des Gehirns» und somit der Förderung der Langlebigkeit; neben dieser religionsinternen Begründung der zölibatären Lebensweise ist diese Neuerung aber auch durch das Vorbild zölibatär lebender buddhistischer Mönche beeinflusst. Ein anderes Kennzeichen der Quan-zhen-Richtung ist, dass die Ritualistik, die Praxis von «Registern und Amuletten» (*fu-lu*) sowie Opferfeiern weitgehend in den Hintergrund gerückt werden.

Trotz dieser eigenständigen Entwicklung setzte noch im 12. Jahrhundert die Symbiose mit der Zheng-yi-Richtung ein. Dies war unter anderem deswegen möglich, weil es auch in der «Himmelsmeistertradition» im Laufe der Geschichte durchaus Tendenzen gab, zeitweilig Askese zu praktizieren, die für die Erlangung von Unsterblichkeit ebenfalls als nützlich betrachtet werden konnte. Die Neuedition des daoistischen Kanons während der Ming-Zeit zu Beginn des 14. Jahrhunderts nahm daher auch Schriften der Quan-zhen-Richtung auf. Spätestens seit

Tafel 11: Zeittafel zum Daoismus

551–479 v. Chr.	Konfuzius
6. Jh.	Legendäre Lebenszeit Laozis
5./4. Jh.	Daodejing, das «Buch vom Dao», Laozi zugeschrieben
4. Jh.	Zhuangzi verfasst das Nanhuajing, das «Buch vom südlichen Blütenland».
145–90	Sima Qian: Verfasser der legendenhaften Biographie Laozis
142 n. Chr.	Zhang Daoling begründet die Himmelsmeister-Schule.
2. Jh.	Entstehung des religiösen Daoismus
386–534	Wei-Dynastie in Nordchina macht den Daoismus zur staatlich bevorzugten Religion.
5. Jh.	Zusammenstellung der «Drei Höhlen» (*sandong*) als Kern des daoistischen Kanons
618–907	Tang-Dynastie; Zeit der Konsolidierung des Daoismus
624	Daoistische Gesandte aus China bringen den Daoismus nach Korea.
712–756	Kaiser Xuanzong erklärt daoistische Texte für prüfungsrelevant für die höhere Beamtenlaufbahn unter den Tang-Herrschern.
960–1279	Während der Song-Dynastie integriert der neu entstehende Neo-Konfuzianismus Elemente des Buddhismus und Daoismus.
1101–1125	Song-Kaiser Huizong erkennt Daoismus als offizielle Staatsreligion an und verfasst Kommentar zum Daodejing.
1112–1170	Wang Zhe gründet die Quan-zhen Schule.
13. Jh.	Symbiose zwischen dem Himmelsmeister-Daoismus und der Quan-zhen Richtung
1281	Ende lang andauernder religiöser Dispute und Streitigkeiten zwischen Buddhisten und Daoisten
14. Jh.	Neuedition des daoistischen Kanons
1368–1644	Ming-Dynastie sieht Daoismus, Konfuzianismus und chinesischen Buddhismus als gleichberechtigte Religionen.
1. Hälfte des 20. Jh.	Rezeption des Daodejing im Westen durch Literaten (Hermann Hesse, Bertolt Brecht)
seit 1949	Daoismus der Himmelsmeister wird auf Taiwan als Bewahrung «wahrer chinesischer Identität» besonders gepflegt.
1966–1976	Kulturrevolution in der Volksrepublik China mit extremer Beschränkung religiöser Tätigkeit und systematischer Vernichtung daoistischer Einrichtungen und Traditionen
seit Ende der 1980er Jahre	Erneutes Interesse an Förderung des Daoismus (insbesondere der Quan-zhen-Tradition) in der Volksrepublik China.

der Mitte des 2. Jahrtausends zeigte der Daoismus somit entweder ein tendenziell stärkeres ritualistisches Gepräge (als Zhengyi-Tradition) oder eine mehr meditativ ausgerichtete Form (als Quan-zhen-Tradition), ohne dass daraus eine tiefergehende Trennung abzuleiten wäre. Die politische Entwicklung in China nach dem Zweiten Weltkrieg hat jedoch dazu geführt, dass der «ritenfreudigere» Daoismus heute eher unter Auslandschinesen anzutreffen ist, während die Volksrepublik China die Quanzhen-Tradition als «Lebens- und Denkweise», die nur minimale Rituale hat, bevorzugt.

3. Praxis und Lebensgestaltung

a) Körperbezogene Praktiken: Das Ziel der Unsterblichkeit spiegelt sich im Streben nach irdischer Langlebigkeit wider. Die Priester sind deshalb Spezialisten für die Herstellung von Unsterblichkeitselixieren und lehren Techniken der Lebensverlängerung in rituell genormter Form. Speisevorschriften empfehlen etwa den Genuss von Gemüse oder bestimmten Getreidearten. Durch den Verzehr solcher Speisen sollen Dämonen vertrieben werden, da sie diese Speisen nicht genießen können. Die Vertreibung der Dämonen hält ihrerseits wiederum den Tod fern. Techniken der Atemregulierung und Bewegungsübungen dienen dazu, die Lebenskräfte innerhalb des Körpers in Fluss zu bringen und zu stärken. Auch die Kontrolle der Sexualität soll die Lebenskräfte stärken. Unterschiedliche Anweisungen sehen vor, mit zunehmendem Alter die sexuelle Betätigung zu reduzieren, um dadurch die altersbedingte Schwächung wettzumachen. Zölibatäre Optionen innerhalb mancher Richtungen finden darin ihre Begründung. Schließlich kann man noch die Praktiken der Alchemie und Pharmazie erwähnen. Sie lassen sich unter dem Aspekt der «Veredelung» sehen, so dass dazu sowohl Versuche der Umwandlung von «gewöhnlicher» Materie in edles Material gehören, als auch von Giften und Drogen in unsterblichkeitsfördernde Substanzen.

b) Liturgische Praktiken: Das Gebet, für das man am Morgen, eventuell auch an Vollmond- und Neumondtagen in den Tempel geht, ist individuell gestaltet. Der Verlauf ist relativ einfach: Man bringt einige gewaschene Früchte als Opfergabe mit und geht damit, nachdem Räucherstäbchen entzündet wurden, zum Räuchergefäß vor den Altar der Drei Reinen oder zur Statue eines Himmelsmeisters bzw. des Jadekaisers, um dort zu beten. Auch wenn man sich im Gebet an niedrigere Götter wenden will, berücksichtigt man den hierarchischen Aufbau des Pantheons, um nicht durch Missachtung der höchsten Götter den Erfolg des Gebets zu gefährden. Mit dem Gebet verbunden wird auch die Befragung der Orakelstäbchen.

Andere wichtige Elemente liturgischer Praktiken sind das Umwandeln und die Verehrung der heiligen Bücher, die in einer Tempelhalle nahe der Halle der Hauptgottheiten archiviert werden, die Verbrennung von Weihrauch und Papiergeld, das rituelle Anzünden von Lampen, die Teilnahme an Prozessionen und die Sündenbekenntnisse vor den Priestern. In all diesen Bereichen ist die Liturgie nicht ohne Anwesenheit der Priester möglich, die auch aktiv Beschwörungen durchführen oder Talismane für die Gläubigen herstellen. Umfangreiche Opfer fehlen in der daoistischen Liturgie weitgehend, da die Rituale als «Audienzen» vor den Gottheiten gelten. Lediglich die Darbringung von gekochtem Gemüse für die Ahnen ist als Opfer zu interpretieren, allerdings ist dies kein genuiner Teil des religiösen Daoismus, sondern Ausdruck des «transreligiösen» Ahnenkultes.

Einen Höhepunkt erleben liturgische Begehungen zu den wichtigen Zeiten des kultischen Jahres. Ein erster solcher Zeitraum ist die Periode zwischen dem ersten Neu- und dem ersten Vollmond des Jahres. In dieser Zeit geht man häufiger in den Tempel, um das Jahr gut anzufangen, und mietet von den Priestern Lampen, die das Jahr hindurch im Tempel brennen, wodurch sich der Gläubige beständig den Göttern in Erinnerung ruft. Auch der siebente Monat ist eine wichtige kultische Zeit. Es ist der Monat der Geister, d. h. der unerlösten Toten, mit der Feier des «Rituals des unversehrten Heils» zur Speisung der Totengeister. Dieses Ritual kann von daoistischen oder buddhistischen Priestern vollzogen werden. Am letzten Tag des Monats falten Frauen Schiffchen aus Papiergeld und bringen diese zu einem nahen Fluss. Die Geister der Verstorbenen werden gebeten, in den Schiffchen Platz zu nehmen, um in die Welt der Unsterblichkeit zu gelangen; symbolisch geschieht dieser Übergang durch das Verbrennen der Schiffe aus Papiergeld.

c) Tempel und Kloster: Nach der Legende über Laozi war Yin Xi, den Laozi auf seinem Weg in den Westen traf, Astronom. Er beobachtete in seinem Observatorium die Himmelszeichen und erfuhr so vom Kommen Laozis. Ein solches Observatorium (*guan*) als «Ort des Schauens» ist auch der daoistische Tempel. Der Mensch schaut durch Riten und Meditation nach «oben», während die Götter in diesem *guan* vom Himmel nach «unten» blicken. Dieses gegenseitige «Schauen» charakterisiert den Tempel und die Liturgie in grundlegender Weise, so dass ein Tempel in seiner Verbindungsfunktion und als Verbindungsstation zwischen den irdischen und den kosmischen Sphären gesehen wird. Durch die Kombination von Ritual und Gelehrsamkeit ist der Tempel zugleich irdisches und himmlisches «Verwaltungsbüro» des religiösen Daoismus in einem, weshalb Tempel als ausgewählte Orte gelten, die bevorzugt in der Nähe der zentralen heiligen Berge der religiösen Geographie Chinas und an Orten der Mythologie der Unsterblichen errichtet werden sollen. Die Entwicklung von klösterlichen Strukturen im Daoismus führte dazu, dass Tempel inzwischen auch als Kloster dienen; einem Tempelareal sind so Wohnquartiere der Mönche, Räume für das Kopieren der religiösen Schriften, aber auch Ordinationshallen angeschlossen. Der derzeitig bekannteste Tempel ist der Bai-yun guan in Peking.

d) Ethische Anweisungen: Unsterblichkeit ist mit guten Taten und ethischem Verhalten verbunden, insofern sie durch die Befolgung der fünf Gebote und der zehn guten Taten erlangt werden kann. Die fünf Gebote stimmen – wenngleich in geänderter Reihenfolge – sachlich mit den fünf buddhistischen «Vorsätzen und Gelübden» (*pancasila*) überein. Die zehn guten Taten sind folgende: Pietät gegenüber den Eltern; Loyalität gegenüber dem Herrscher; Mitleid mit allen Dingen/Lebewesen; Geduld; Abwehr von Bösem; Unterstützung der Armen; Freilassen von Lebewesen und Anpflanzung von Bäumen; Brunnen graben und Brücken errichten; Förderung dessen, was anderen nützt; Rezitieren der heiligen Bücher und Verbrennen von Weihrauch. Durch die Umsetzung dieser Taten im alltäglichen Leben vermag es der Daoismus, die gesellschaftliche Entwicklung bis hin zu Harmonie und Fortschritt zu fördern, wobei manche der zehn Taten mit buddhistischen und konfuzianischen Verhaltensregeln übereinstimmen, doch bringt die letzte der zehn Taten den genuin daoistisch-religiösen Kontext zum Ausdruck. Daher sind die zehn guten Taten eben nicht nur allgemein menschliche Verhaltensempfehlungen, sondern zugleich ein spezifisch daoistisches Instrumentarium, durch die Lebensgestaltung Unsterblichkeit zu erlangen.

4. Die kulturprägende Kraft

Der religiöse Daoismus ist heute in jenen Gegenden Ostasiens weit verbreitet, deren Bevölkerung einen hohen Anteil an Chinesen aufweist, das heißt nicht nur in der Volksrepublik China, wo Tendenzen der Öffnung auch ein Wiedererstarken des Daoismus ermöglichen, sondern vor allem in Taiwan, aber auch in Singapur, Hongkong, Korea und Japan. In diesem Raum hat der Daoismus seinen Beitrag zur Sinisierung Ostasiens geleistet. Allerdings ist eine exakte Unterscheidung der je eigenen kulturprägenden Elemente von Konfuzianismus, Daoismus und chinesischem Buddhismus nicht möglich. Alle drei Religionen waren in ihrer Geschichte eng miteinander verwoben, so dass zu Recht von *sanjiao*, den «drei Lehren», gesprochen wird. Frühe Übersetzungen buddhistischer Texte ins Chinesische hatten sich an daoistischer Literatur orientiert, wodurch die Schaffung einer «Übersetzersprache» mit beeinflusst wurde. Ein weiteres Beispiel liegt in der Geomantik, der «Wissenschaft von Wind und Wasser» (*feng shui*), denn ohne den Geomantik-Fachmann

Tafel 12: Der Daoismus in Taiwan

Die rund 140 Kilometer vor der Südostküste der Volksrepublik China liegende Insel Taiwan (Republik China) hat eine Fläche von 36 400 km² mit rund 23,4 Millionen Einwohnern (2013). Rund 90 % der Bevölkerung gehören mehr oder weniger einer der drei großen chinesischen Geistesströmungen Konfuzianismus, Daoismus, Buddhismus an. Nach aktuellen Schätzungen sind rund 34 % der Bevölkerung Anhänger des religiösen Daoismus, 42 % zählen zu einer buddhistischen Richtung. 3,9 % gehören der christlichen Kirche an.
Seit dem 13. Jh. ist chinesischer Einfluss auf der Insel vorherrschend, zwischen 1623 und 1661 war Taiwan holländisches Kolonialgebiet, anschließend Teil der chinesischen Provinz Fujian. Nach der japanischen Okkupation (1895–1945) und dem chinesischen Bürgerkrieg zogen sich die von Chian-Kaishek geführten unterlegenen chinesischen Truppen auf die Insel zurück. Bis heute sieht sich Taiwan als legitimer chinesischer Staat, die Volksrepublik China hingegen betrachtet die Insel als abtrünnige Provinz.
Die Bedeutung Taiwans für den Daoismus liegt darin, dass heute der 64. Himmelsmeister auf der Insel residiert; dadurch sehen sich die taiwanesischen Daoisten in besonderer Weise als Bewahrer des religiösen Daoismus, v. a. auch in Opposition zur Volksrepublik China. Genauso wirkt seit dem Ende des Zweiten Weltkrieges der Daoismus auf Taiwan als identitätsstiftender Faktor in Abgrenzung gegenüber dem kommunistischen China, was beispielsweise auch die 1964 gegründete «Nationale daoistische Gesellschaft der Republik Taiwan» zeigt. Trotz der relativ geringen Größe der Insel Taiwan lassen sich in der Tradition der daoistischen Rituale durchaus Unterschiede zwischen der Praxis im Norden und der im Süden der Insel feststellen – als Folge historischer Beziehungen zu unterschiedlichen Gebieten innerhalb der Provinz Fujian. Während im Süden der Insel Rituale für die Toten durchgeführt werden, sind solche im Norden nicht üblich. 1997 gab es 8557 daoistische Tempel und 33 200 Priester. Zwei daoistische Seminare, das eine in Taipei, das andere in Kaohsiung, sind für die Verbreitung von Lehre und Ritus des Daoismus zuständig. Es gibt aber auch eine Reihe von daoistisch geprägten Einrichtungen wie Kindergärten, Seniorenheime oder Bibliotheken, wobei solche religiösen Einrichtungen in ihrer Bedeutung für das kommunale Dienstleistungssystem in Taiwan nicht zu unterschätzen sind. Ferner stehen für die (akademische) Förderung des Daoismus mehrere Universitäten, aber auch verschiedene daoistische Fachzeitschriften bereit.

zu befragen, wird kein daoistischer Tempel errichtet. Denn die irdische und kosmische Harmonie und der Einklang mit dem *dao* hängt mit der geordneten Wechselwirkung zwischen den einzelnen Kräften zusammen. Darauf achtet auch der Daoist, der – entsprechend der siebenten und achten guten Tat – Bäume pflanzt oder Brücken errichtet. Besonders zu erwähnen ist die aktuelle Rolle des Daoismus auf der Insel Taiwan, der Republik China *(Tafel 12)*. Das politische Taiwan versteht sich als jene Größe, die mit Hilfe des religiösen Daoismus die chinesische Kultur vor dem Niedergang bewahren möchte.

Ein nicht uninteressantes Phänomen der «kulturprägenden Seite» des Daoismus ist eine «spirituelle» Daoismusrezeption in der abendländischen Kultur, die sich fast ausschließlich auf das *Daodejing* bezieht. Diesbezügliche Anfänge reichen in die erste Hälfte des 20. Jahrhunderts zurück, als Schriftsteller wie Bertolt Brecht oder Hermann Hesse Elemente des Daoismus in ihren Werken verarbeiteten. Daneben wird das Daodejing als «Ratgeber» für ein richtiges Leben im umfassenden Sinn gelesen. In der Rezeption der 60er Jahre wurde es dabei fälschlicherweise als Text einer (Sonder)-Form des Zen-Buddhismus wahrgenommen. Seit der Mitte der 70er Jahre erhielt diese Daoismusrezeption einen neuen Akzent, indem im größeren Kontext der *New-Age*-Strömungen Teile daoistisch geprägter Geisteshaltung wie etwa die Yin-Yang-Lehre in spirituelle Optionen integriert wurden. Das *Daodejing* rückte jedoch etwas in den Hintergrund.

Der Daoismus ist heute nicht nur in den oben genannten Ländern Ostasiens verbreitet, sondern auch bei Auslandschinesen vor allem in den USA und in geringerem Ausmaße in Europa. Insgesamt kann man weltweit von mehreren hundert Millionen Daoisten ausgehen, wobei eine exakte Angabe aus zwei Gründen unmöglich ist: Einerseits sind religiöse Statistiken aus der Volksrepublik China, in der die überwiegende Mehrheit der Anhänger des Daoismus lebt, unzulänglich, andererseits erschwert auch das *sanjiao*-Konzept präzise Zahlenangaben, da Statistiken meist nur pauschal von «chinesischer Volksreligion/traditionellen chinesischen Religionen» sprechen. In Deutschland gibt es bislang keine größere daoistische Kultgemeinde.

Islam

Muhammad ist bewusst mit dem Anspruch aufgetreten, durch göttliche Offenbarung zur Verkündigung einer neuen Religion beauftragt zu sein, die sich sowohl vom Judentum und Christentum als auch von autochthonen religiösen Praktiken und Vorstellungen auf der arabischen Halbinsel unterscheidet. In dieser Hinsicht ist die Entstehung des Islam als Religion punktuell fassbar, was bei den vorher behandelten Religionen weniger der Fall war. Der Islam bietet von Beginn an nicht nur ein aus dem Offenbarungsglauben genährtes theologisches, sondern zugleich auch ein religionsrechtliches und sozialethisches System. Deswegen kann die Stellung des gläubigen Muslim in der Welt nie unabhängig von seiner Totalhingabe an Gott gesehen werden. Der Glaube an Allah als einzigen Gott und die Anerkennung Muhammads als göttlichen Gesandten sind Kern des Glaubensbekenntnisses (*shahada*) der Muslime; dieses wird gerne kalligraphisch dargestellt, so dass darin symbolhaft das Zentrum des Islam zum Ausdruck kommt.

1. Muhammad als Begründer des Islam

Unser Wissen über Muhammad beruht in erster Linie auf dem Koran als von ihm offenbarte heilige Schrift des Islam sowie auf Sammlungen von Aussprüchen Muhammads, den so genannten Hadithen. Das primäre Interesse beider Quellengruppen liegt aber nicht in der Darstellung der historischen Fakten aus dem Leben des Religionsstifters. Wahrscheinlich wurde er um das Jahr 570 in Mekka geboren und wuchs bei seinem Onkel Abu Talib auf. Im Alter von vierzig Jahren erlebte er seine Berufung zum «Gesandten Gottes» für sein Volk und verkündete in den nächsten Jahren den Mekkanern – als Warner vor dem Gottesgericht – den Glauben an den einen und einzigen Gott, der Schöpfer und Richter der Menschen ist. Als Reaktion auf Anfeindungen in Mekka wanderte er im Jahr 622 mit seinen Anhängern nach Medina aus. Als einschneidendes Ereignis wird die *hidschra* («Auswanderung») Ausgangspunkt der islamischen Zeitrechnung. In Medina erhoffte sich Muhammad die Unterstützung der dort ansässigen Juden; als diese ausblieb, kam es zum Zerwürfnis zwischen Muhammad und dem Judentum. Folgen dieser Abkehr von der Sympathie mit Juden (und teilweise mit orientalischen Christen) waren die Änderung der Gebetsrichtung (*qibla*), die sich ursprünglich nach Jerusalem orientierte, in Richtung Mekka sowie die Einführung des Monats Ramadan als Fastenzeit, abweichend von Fastenterminen des Judentums und Christentums. In Medina wurde Muhammad zum religiösen und politischen Führer des muslimischen Gemeinwesens (*umma*). Nach militärischen Auseinandersetzungen mit den Mekkanern konnte Muhammad im Jahr 630 schließlich die Stadt Mekka einnehmen. Die Kaaba als vorislamisch-polytheistisches Heiligtum Mekkas von überregionaler Bedeutung wurde nach der Eroberung islamisiert. Durch die letzte Wallfahrt Muhammads zur Kaaba im Jahr 632 wurde die Symbolkraft des Heiligtums als Zentrum der islamischen Welt verstärkt; noch im selben Jahr starb Muhammad unerwartet.

Während seines Wirkens in Mekka und Medina wurde ihm abschnittweise der Koran offenbart, worauf z. B. Sure 97 Bezug nimmt (*Tafel 13a*). Der Koran (sprachlich abgeleitet von arabisch *qara'a* «lesen, rezitieren») umfasst 114 Abschnitte (Suren), die bestimmte Themen immer wieder abwandeln: Schöpfung, Jenseitserwartungen und Gericht, Himmel und Hölle, ethische Anweisungen in Form von Geboten und Verboten. Breiten Raum nehmen Erzählungen und Neudeutungen biblischer Gestalten – z. B. Ibrahim (Abraham), Musa (Mose), Isa (Jesus), Maryam (Maria) – ein. Die so genannten «fünf Säulen des Islam» sind als Grundlage des muslimischen Glaubens und der Umsetzung der Religion zwar nicht in wörtlich-systematischer Form, aber inhaltlich ebenfalls aus dem Koran abzuleiten: a) das Glaubensbekenntnis; b) das rituelle Pflichtgebet; c) das Fasten im

Monat Ramadan; d) die Pflichtabgabe; e) die Wallfahrt. Das Glaubensbekenntnis betont an zahlreichen Stellen im Koran und in der islamischen Tradition immer wieder die Einheit und Einzigkeit (*tauhid*) Gottes; damit grenzt sich der Islam nicht nur entschieden vom arabischen Polytheismus der damaligen Zeit ab, sondern auch von der christlichen Trinitätslehre. Ferner wird im Gottesbild des Koran die Güte und Barmherzigkeit Gottes, der ein strenger, aber gerechter Richter ist, hervorgehoben.

Nach dem Tod Muhammads wurde nach Auseinandersetzungen Abu Bakr (632–634) zum «Stellverter des Propheten» (Kalif) ernannt, ihm folgten Umar (634–644) und Uthman (644–656), letzterer wurde ermordet, ebenso wie Ali (656–661), der Schwiegersohn Muhammads. Damit wird bereits für die Zeit der vier «rechtgeleiteten» Kalifen deutlich, dass die ersten Jahrzehnte nach dem Wirken Muhammads durch unterschiedliche Nachfolge- und Richtungskämpfe gekennzeichnet waren, die die Grundlage für weitere organisatorische und inhaltliche Differenzierungen des Islam bildeten.

2. Historische Entwicklungen

Die rasche Verbreitung des Islam erreichte noch unter den beiden ersten Kalifen über die arabische Halbinsel hinaus den syrischen Raum sowie Ägypten. Auch Persien wurde bereits in den 40er Jahren des 7. Jahrhunderts von arabischen Truppen erobert. Das westliche Nordafrika kam erst seit 670 (Kairouan) und 696 (Eroberung Karthagos) unter islamischen Einfluss, die Überquerung der Meerenge von Gibraltar (711) brachte den Islam auf spanisches Gebiet. Die weitergehende Expansion nach Europa wurde durch die Franken im Jahr 732 bei Tours und Poitiers gestoppt. Diese Expansion geschah hauptsächlich unter den Kalifen der Umaijadendynastie in Damaskus, die sich 661 gegenüber der «Partei (*schia*) Alis» durchgesetzt hatten.

a) Schiiten: Die Anhänger Alis argumentierten, dass die Führung der islamischen Gemeinde die Verwandtschaft mit Muhammad voraussetzte, was für Ali als Schwiegersohn und Vetter

Tafel 13: Ausgewählte Texte zum Islam

a) Sure 97 (zitiert nach A. Th. Khoury: Der Koran. Arabisch-Deutsch. Übersetzt und kommentiert, Gütersloh 2004, 784).
«Im Namen Gottes, des Erbarmers, des Barmherzigen. Wir haben ihn in der Nacht der Bestimmung hinabgesandt. Woher sollst du wissen, was die Nacht der Bestimmung ist? Die Nacht der Bestimmung ist besser als tausend Monate. Die Engel und der Geist kommen in ihr mit der Erlaubnis ihres Herrn herab mit jedem Anliegen. Voller Frieden ist sie bis zum Aufgang der Morgenröte.»

b) Wertschätzung und Verherrlichung Alis (zitiert nach H. Halm: Die islamische Gnosis. Die extreme Schia und die ᶜAlawiten, Zürich 1982, 341 f.).
«*Allahu akbar, Allahu akbar!* Euer Herr […] Ali ist größer als der, der hochmütig ist, und gewaltiger als der, der sich stolz gebärdet; ein Immerwährender, der nicht gesucht wird, ein Herrlicher, der keinen Schaden erleidet, ein Beständiger, der nicht schläft. *Allahu akbar, Allahu akbar!* Aufrecht steht das Gebet für die, die es verrichten, und fest steht der Beweis für die, die daran teilnehmen. Ich bitte dich, […] Ali ibn Abi Talib, dass du es einrichtest und dauern lässt, so wie der Himmel und die Erde dauern! Mache den Herrn Muhammad zu seiner Besiegelung und zu seinem Fasten und zu seinem Gebet und den Herrn Salman zu seinem Gruß und zu seiner Almosensteuer. Mache die Gnostiker zu seinem Weg und die Gläubigen zu seinem Beweis, in Ewigkeit,
Amen.
Ich bezeuge, dass mein und dein Herr […] Ali ibn Abi Talib ist, der sich nicht wandelt und der nicht aufhört zu sein, der sich nicht ändert von einem Zustand in einen anderen. Ich bezeuge, dass sein Vorhang der Herr Muhammad ist und seine Pforte der Herr Salman und dass der Maᶜna [der Sinn], der Name und die Pforte unzertrennlich sind.»

c) Über Rechtsentscheidungen (Hadith nach al-Harith ibn Amr, zitiert nach A. Th. Khoury: So sprach der Prophet. Worte aus der islamischen Überlieferung, Gütersloh 1988, 281).
«Als der Prophet den Muᶜadh in den Yemen schickte, sagte er zu ihm: ‹Wie wirst du entscheiden?› Er sagte: ‹Ich werde nach dem entscheiden, was im Buch Gottes steht.› Er sagte: ‹Wenn es aber nicht im Buch Gottes steht?› Er sagte: ‹Dann nach dem Weg (*Sunna*) des Gesandten Gottes.› Er sagte: ‹Wenn es aber nicht im Weg des Gesandten Gottes steht?› Er sagte: ‹Dann bilde ich mir mein eigenes Urteil.› Er sagte: ‹Lob sei Gott, der dem Boten des Gesandten Gottes Erfolg beschieden hat.›»

des Propheten zutraf, aber schon bezüglich der ersten drei Kalifen nicht unumstritten war. Diese Auffassung unter den AnhängernAlis führte bereits zu Lebzeiten Alis zu einem Zerwürfnis innerhalb der Gemeinde, woraufhin sich eine Gruppe als Kharidschiten («Sezessionisten») von Ali trennte. Bis heute gibt es Kharidschiten in Nordafrika und Oman. Der endgültige Bruch zwischen der Mehrheit der Anhänger Alis und den Sunniten geschah jedoch mit der Machtübernahme der Umaijadendynastie nach dem Tod Alis; seither wird die Führung der Kalifen abgelehnt. Für die schiitische Argumentation spielt dabei nicht nur die leibliche Verwandtschaft zwischen Ali und dem Propheten eine Rolle, sondern auch die Vorstellung, dass Ali vom Propheten eine besondere spirituelle Einweihung und göttliche Erleuchtung erfahren habe. Dieses Führungsamt ging nach dem Tod Alis auf die Imame über, die als Mittler zwischen Gott und den Menschen innerhalb der Schia einen theologisch höheren Rang innehaben, als dies bei den Kalifen der Sunniten der Fall ist. Alis Söhne Hasan und Husain folgten ihm als Imame nach; Husains Tod in der Schlacht von Kerbela (680) wurde zum Kristallisationspunkt der schiitischen Frömmigkeit, fixierte aber zugleich die endgültige Opposition zwischen Schiiten und Sunniten. Mit den nachfolgenden Imamen setzte eine innerschiitische Differenzierung ein. Zahlenmäßig dominant ist die Zwölferschia, deren letzter (zwölfter) Imam im Jahr 873/874 nach dem Glauben der Schiiten von seinem Vater verborgen wurde, um der Verfolgung durch die sunnitischen Kalifen zu entgehen. Diese Verborgenheit des zwölften Imams führte zur theologischen Erwartung, dass er eines Tages als «Rechtgeleiteter» (*mahdi*) wiederkommen werde, um alle Muslime zum «wahren» (= schiitischen) Islam zurückzuführen. Politische Bedeutung erlangte die Zwölferschia erneut seit dem 16. Jahrhundert, als die dieser Richtung zugehörige Safawidendynastie mit ihrer Machtentfaltung im Iran weite Teile der islamischen Welt unter ihren Einfluss brachte. Seither ist der Iran schiitisch.

Eine kleinere schiitische Strömung ist die «Siebenerschia» (Ismaeliten), die insgesamt nur sieben Imame zählt. Politische Macht erlangte diese Richtung durch die Fatimidendynastie

(909–1171), die ihren Einfluss von Ägypten weit über Nordafrika bis nach Syrien ausbreiten konnte. Als Folge dieser zeitweiligen schiitischen Dominanz wurden die Gegensätze zwischen Schiiten und Sunniten langfristig gemildert. Eine Sondergruppe innerhalb der Siebenerschia sind seit dem 11. Jahrhundert die Drusen im Libanon, in Syrien und Israel. – Eine weitere Untergruppe der Schia ist die hauptsächlich im Jemen verbreitete Fünferschia; die Lehrentwicklung dieser Richtung steht den Sunniten näher, als dies bei anderen schiitischen Richtungen der Fall ist. – Erwähnenswert sind auch die Alewiten als Vertreter der «extremen Schia», die Ali weit über alle Menschen (und auch über Muhammad) hinausheben und in Formen der Volksfrömmigkeit sogar dazu neigen, Ali als vollkommenen Menschen zu vergöttlichen (*Tafel 13b*). Solche alewitischen Denkansätze sind weniger vom Koran als von gnostischen Strömungen des Vorderen Orients beeinflusst.

In der Volksfrömmigkeit prägen aufgrund der geschichtlichen Erfahrung intensive Passions- und Märtyrergedanken die Schia. Theologisch nimmt die Verehrung des Imam eine besondere Rolle ein; er ist ein über den anderen stehender Mensch, in dem sich das Göttliche zeigt oder in dem zumindest das göttliche Licht sichtbar wird; verbunden damit ist die Vorstellung seiner Wiederkunft als Mahdi. Für die Zwölferschia in ihrer Ausprägung im Iran seit dem 16. Jahrhundert sind ferner die Mullahs als schiitisches Charakteristikum zu erwähnen. Sie gewinnen als Experten im religionsrechtlichen Bereich einen überragenden gesellschaftlichen Einfluss. Denn im Rechtsbereich orientiert sich die Schia nicht am Rechtsprinzip der Sunniten, das dem Konsens der Gelehrten große Bedeutung zumisst. Innerhalb der Schia gilt der Konsens der Gelehrten nur als Rechtsprinzip, wenn er mit der Meinung eines der «Vierzehn Unfehlbaren» (d. h. Muhammad, seine Tochter Fatima, Ali und die übrigen elf Imame) übereinstimmt. Wenn allerdings in Rechtsfragen keine definitive Entscheidung von den vierzehn Unfehlbaren getroffen wurde, so gewinnen die Mullahs Interpretationskompetenz, die aus dem Rationalismus genährt wird. Dadurch steigen die Mullahs zu einem Stand von Religionsgelehrten auf, deren Entscheidungen – zumindest in der Praxis – kaum in Frage gestellt werden können.

b) Sunniten: Die Nachfolge des Propheten im Rahmen des Kalifats wurde von der sunnitischen Mehrheit über die Jahrhunderte beibehalten, bis das Kalifat im Jahr 1924 nach dem Zusammenbruch des Osmanischen Reiches durch Kemal Atatürk abgeschafft wurde. Das Kalifat spiegelt eine zentrale Idee der Sunniten wider: Der Nachfolger des Propheten soll die politische Stabilität der Gemeinde sichern, indem er sie dem islamischen Recht entsprechend führt. In der real-historischen Entwicklung verloren bereits die Abbasiden-Kalifen (750–1258), die in Bagdad residierten, seit dem 9. Jahrhundert zunehmend ihren religiösen und politischen Einfluss auf die gesamte Welt des Islam. Auch die nachfolgenden Kalifate während der Mamlukendynastie (1250–1517) und der Osmanen (1354–1923) bestanden eigentlich nur noch nominell. Lokaldynastien wie die Aghlabiden (800–909) in Kairouan in Tunesien, die iranischen Samaniden (875–1005) in Buchara in Zentralasien oder die spanischen Umaijaden (929–1031) in Cordoba herrschten als Regionalstaaten völlig unabhängig, genauso die Sultanate der Seldschuken (11.–13. Jahrhundert), die mongolischen Timuriden (1336–1405) oder die Moghuln (1555–1858) in Indien.

Theologisch ist neben dem Koran die Sunna von Bedeutung, d.h. die «Wegweisung» des Propheten, die in den (echten und unechten) Hadithen überliefert worden ist. Wenn eine Übereinstimmung zwischen Koran und Sunna vorliegt bzw. in strittigen Fällen ein Konsens der Religionsgelehrten gefunden wird, kann die sunnitische Gemeinde als Ganze nicht irren. Damit war zugleich die theoretische Grundlage für die Entwicklung einer theologischen und religionsrechtlichen Wissenschaft gelegt, deren Anfänge bereits im 8. Jahrhundert auszumachen sind. Die sunnitische Theologie (*kalam*: «Gespräch, Disputation») bemüht sich, unter Verwendung rationaler Methoden der griechischen Philosophie die Offenbarung argumentativ darzustellen und zu begründen. Die erste wirkmächtige theologische Schule waren die Mu'taziliten, die sich in der Mitte des 8. Jahrhunderts von ihrem Zentrum Basra im Südirak aus zu entfalten begannen; für sie war die menschliche Vernunft die oberste Instanz, und sie betonten den freien Willen des Menschen. Das Gottesbild der Muʿtaziliten ist frei von anthropomorphen Zügen, da durch eine anthropomorphe Rede über Gott seine Einheit und Einzigkeit leiden würden. Ein weiteres besonderes Merkmal der Theologie der Muʿtaziliten ist ihr Glaube, dass auch der Koran von Gott geschaffen und nicht ewig sei.

Diese Rationalisierung der Theologie beeinflusste im 11. Jahrhundert die Theologiebildung der Schiiten, während sie innerhalb der Sunna aufgegeben wurde. Denn bereits im 9. Jahrhundert hatte vor allem Ahmad ibn Hanbal (780–855) eine traditionalistische Gegenposition vertreten, und eine auf ihn zurükkgehende Richtung prägt bis heute den Islam in Saudi Arabien. Gegner der Muʿtaziliten lehnen deren Lehre vom freien Willen des Menschen ab; genauso wichtig ist die Vorstellung, dass es neben Gott keine andere Form von Ursächlichkeit irgendeiner Erscheinung auf der Erde gibt: Alles, was auf Erden geschieht, wird in dem Augenblick, in dem es geschieht, von Gott bewirkt. Diese Auffassung, die in etwas modifizierter Form von al-Ghazzali (1058–1111) popularisiert wurde, gilt seither als die Standardposition der sunnitischen Theologie. Erst im 20. Jahrhundert griffen islamische Modernisten erneut auf die rationalistische Theologie der Muʿtaziliten zurück.

Die Bedeutung der Hadithsammlung und das bereits im Koran zugrunde gelegte Recht prägen neben den theologischen Entwicklungen in besonderer Weise den sunnitischen Islam. Die Rechtsprechung war Aufgabe des Propheten und seiner Nachfolger (*Tafel 13c*), wobei es während der Zeit der Umaijadendynastie noch kein fest formuliertes islamisches Recht gab. Der heute weit verbreitete Begriff «Scharia» bezieht sich nicht nur auf die Erfüllung der religiösen Pflichten und ethischen Vorschriften, sondern auch auf alle Bereiche des Rechts wie Familien-, Erb-, Eigentums- und Vertragsrecht, aber auch auf das Straf- und Prozessrecht. Diese umfassende Rechtsfülle ist zumindest zum Teil auch ein Produkt der unterschiedlichen Rechtsschulen.

Tafel 14: Zeittafel zum Islam

um 570	Geburt Muhammads, des Propheten des Islam
um 610	Beginn des öffentlichen Wirkens mit Mahnpredigten
622	Auswanderung/Hidschra Muhammads aus Mekka nach Medina
630	Rückkehr nach Mekka
632	Tod Muhammads
632–661	Zeit der vier «rechtgeleiteten» Kalifen (Abu Bakr, Umar, Uthman, Ali)
661–750	Kalifat der Umaijaden in Damaskus
680	Tod des schiitischen Imam Husain, des Sohnes Alis, in der Schlacht von Kerbela als Ausgangspunkt besonderer schiitischer Märtyrerfrömmigkeit
732	Schlacht bei Tours und Poitiers; Stopp der weiteren Ausbreitung des Islam in Westeuropa
750–1258	Kalifat der Abbasiden in Bagdad
8. Jh.	Entstehung der rationalistischen Theologie der Muʿtaziliten
8./9. Jh.	Erste Zeugnisse des Islam in China bzw. Indonesien
873/74	Verschwinden des 12. Imans der Schiiten
922	Hinrichtung des Mystikers Husain ibn Mansur al-Halladsch in Bagdad
973–1171	Fatimidenherrschaft in Ägypten
1096–1099	Erster Kreuzzug mit Eroberung von Jerusalem (1099)
1058–1111	al-Ghazzali, Religionsphilosoph und Theologe, dessen Denken weite Strömungen des Islam bis in die Gegenwart prägt
1207–1273	Dschalal ad-Din Rumi, persischer Sufi-Dichter und Begründer des mystischen Mevlana-Ordens
1492	Ende der islamischen Herrschaft in Spanien (Granada); Vertreibung von Juden und Muslimen von der spanischen Halbinsel nach Nordafrika
1501–1732	Dynastie der schiitischen Safawiden im Iran; seither ist der Iran das Zentrum der Schia
1835–1908	Mirza Ghulam Ahmad, Begründer der Ahmadiya-Richtung
1876–1938	Muhammad Iqbal, Dichter und Reformer im indischen Subkontinent
1906–1949	Hasan al-Banna, Begründer und Vordenker der (islamistischen) Muslimbruderschaft
1924	Kemal Atatürk schafft das Kalifat ab.
1979	Errichtung der Islamischen Republik Iran
1996–2001	Islamistisch-fundamentalistisches Regime der Taliban in Afghanistan
2014	Am 29. Juni ruft der «Islamische Staat» das «Khalifat» aus, um seinen militanten Anspruch als religiös begründetes Staatswesen zu unterstreichen.

Bei den Sunniten sind vier große Rechtsschulen bekannt, nämlich Malikiten, Hanafiten, Schafi'iten und Hanbaliten. Als Begründer der ersten Rechtsschule gilt Abu Hanifa aus Bagdad (gestorben 767). Die auf ihn zurückgeführte Schule der Hanafiten vertritt von den vier Schulen die liberalste Rechtsauslegung, in der dem eigenständigen Argumentieren ein großer Raum zugebilligt wird. Heute ist diese Rechtsschule vor allem in der Türkei und in den islamischen Staaten Zentralasiens weit verbreitet. – Malik ibn Anas (711–796) wirkte in Medina, damals bereits abseits der Zentren der politischen Macht. Daraus folgte, dass sich Malik in seiner Rechtsinterpretation eng an lokale Gewohnheiten bzw. Traditionen hielt, die noch in den frühen Islam zurückreichten. Heute ist die malikitische Rechtsschule in Ägypten und einigen afrikanischen Staaten wie Nigeria und Mauretanien beheimatet. – Muhammad ibn Idris as-Schafi'i (767–820), ein Schüler von Malik ibn Anas, entfaltete seine Wirkung in Ägypten und gilt als Begründer der islamischen Rechtstheorie. Er ließ – neben Koran und Hadith als Rechtsquellen – auch den Analogieschluss und den Konsens der islamischen Gemeinde als vollgültige Kriterien der Rechtsfindung zu. Heute ist diese Rechtsschule besonders im islamischen Ostafrika, aber auch in Süd- und Südostasien gängig. In ihren älteren Verbreitungsgebieten Ägypten und Syrien ist sie weitgehend in den Hintergrund getreten. – Als letzte Rechtsschule hat sich die Rechtsinterpretation von Ahmad ibn Hanbal (gestorben 855) etabliert, der sich eng an die Aussagen der Hadithe hält; insofern vertreten die Hanbaliten heute die strengste Rechtsauslegung. Dominierend ist diese Richtung seit dem 18. Jahrhundert in Saudi Arabien.

Aufgrund des zeit- und kulturbedingten Umfeldes vor allem der primären Rechtsquellen ergeben sich für islamische Rechtssysteme in der Gegenwart Spannungen zu westlichen Rechtscorpora, deren Ausgleich sich in konkreten Fällen als schwierig erweisen kann, weil das islamische Recht den Rückbezug auf die im Koran vorliegende Offenbarung betont. Religionsrechtliche Gutachten, so genannte Fatwas, werden von islamischen Rechtsgelehrten erstellt, um im Koran und in den Hadithen noch nicht erörterte Rechtsfälle zu klären.

3. Praxis und Lebensgestaltung

a) Ethische Verhaltensweisen: Ethische Pflichten innerhalb des Korans sind konkrete Vorschriften, die Gott dem Menschen auferlegt, damit der Mensch sein Leben gottgefällig gestalten kann. Dadurch ist die islamische Ethik theologisch begründet. Neben dieser religiösen Seite hat sie auch rechtliche Komponenten. Deshalb gehört die Ethik im Islam in gleicher Weise zu den Glaubensinhalten wie zur Glaubenspraxis. Der Koran nennt eine Reihe von allgemein wünschenswerten Verhaltensweisen, z. B. Freundlichkeit, Bescheidenheit oder Ehrlichkeit, und lehnt andere, wie Eidbruch oder üble Nachrede, ausdrücklich ab. Da aus Glücksspiel oder Alkoholgenuss zwischenmenschliche Verfehlungen entstehen können, werden solche Handlungen im Koran untersagt. In katalogartiger Weise bietet der Koran in der 17. Sure eine Zusammenstellung von ethischen Forderungen, die den Zeitverhältnissen Muhammads entsprachen, als normative Grundlegung aber bis in die Gegenwart für die islamische Ethik prägend bleiben, auch wenn ihre wenig konkrete Formulierung innerhalb der verschiedenen Rechtsschulen und Traditionen in der islamischen Welt unterschiedliche Auslegungen ermöglicht hat. Einige dieser Vorschriften sind in einem Zusammenhang mit den «Zehn Geboten» der biblischen Tradition des Judentums und des Christentums zu sehen. Ungerechtfertigtes Töten anderer Menschen wird in diesem Katalog genauso untersagt wie Geschlechtsverkehr zwischen nicht miteinander verheirateten Personen. Die Benachteiligung von Waisen oder der Betrug in wirtschaftlichen Unternehmungen durch Diebstahl oder Gewaltanwendung haben als unethische Handlungen ebenfalls zu unterbleiben. Der Mensch als freies Geschöpf Gottes ist aufgefordert, aber auch von Gott befähigt, sich dementsprechend zu verhalten.

b) Gebet: Das Pflichtgebet, mit dem sich der Gläubige an den einen Gott wendet, bettet ihn in den «muslimischen Kosmos» und in das Kultur- und Gesellschaftssystem des Islam ein. Voraussetzung für das richtige Gebet sind das Wissen um die fünf

Gebetszeiten (Morgen, Mittag, Nachmittag, Abend, Nacht) und die rituelle Waschung vor dem Gebet. Der Betende richtet sich stehend in Richtung Mekka, d. h. orientiert sich an der *qibla*, und beginnt mit der Rezitation des Textes: «*allahu akbar*: Gott ist größer. Ich bekenne, dass es keinen Gott außer Allah gibt. Ich bekenne, dass Muhammad der Gesandte Gottes ist.» Das Gebet ist theologischer Lobpreis der Einzigkeit Allahs, wobei nicht entscheidend ist, ob ein Muslim das Pflichtgebet allein rezitiert oder gemeinsam mit anderen Gläubigen in einer Moschee; das Gemeinschaftsgebet zu besonderen Anlässen wird jedoch höher geschätzt. In erster Linie ist hier das Mittagsgebet am Freitag – dem islamischen wöchentlichen Feiertag – in der Moschee zu nennen, das in Gemeinschaft gesprochen und den Berufsgeschäften vorgezogen werden soll. Wenn das Gebet zu Ende ist, soll der Gläubige wieder seinen weltlichen Geschäften nachgehen, wobei Gott ihm gnädig sein wird. Somit zeigt sich auch zwischen dem religionsrechtlich verpflichtenden Gebet und dem innerweltlichen Handeln und ethischen Verhalten eine deutliche Verbindung. Die Moschee (arabisch *masdschid*: «Ort, an dem man sich niederwirft») ist dabei nicht nur «Gottesdienstraum», sondern auch Lehrstätte, Versammlungsort und soziale Institution. Aufgrund dieser Multifunktionalität sind Moscheen in der islamischen Welt nicht nur architektonisch vielfältig gestaltet, sondern müssen auch «zweckmäßig» sein, das heißt Raum für Versammlungen bieten, wozu auch die teilweise großen Moscheehöfe dienen. Ebenso müssen sie für die Gebetsverrichtung die entsprechende Infrastruktur aufweisen, vor allem Brunnen für die rituelle Reinigung, eine architektonisch besonders gestaltete Gebetsnische entsprechend der *qibla* und eine Kanzel (*minbar*) für die Freitagspredigt. Ein Minarett, von dem der Muezzin die Gebetszeiten ausruft, ist indessen nicht unbedingt notwendig. Afrikanische oder chinesische Moscheen lassen daher nicht selten turmartige oder schlanke Minarette, die der vorderasiatischen muslimischen Tradition entstammen, vermissen.

3. Praxis und Lebensgestaltung

c) Fasten: Während des Monats Ramadan ist Enthaltsamkeit von Speise und Trank zwischen Sonnenaufgang und -untergang geboten. Entsprechend dem Mondkalender verschiebt sich das exakte Datum des Fastenmonats alljährlich um elf Tage. Vor allem in den heißen Monaten bedeutet der Verzicht auf Getränke eine körperliche Anstrengung, so dass jemand, der krank oder auf Reisen ist, das Fasten zu einem späteren Zeitpunkt nachholen darf. Fasten ist keine «asketische Leistung», sondern ein ethischer Wert. Derjenige, der aus Sorglosigkeit das Fasten verletzt, ist daher als Ersatzleistung zur Speisung eines Armen verpflichtet. Fasten kann auch als Wiedergutmachung für andere Vergehen wie Eidbruch oder die unbeabsichtigte Tötung eines Gläubigen gelten. Besonderer Wert wird auf das Fest des Fastenbrechens am Ende des Ramadan gelegt, zu dem auch Bedürftige eingeladen bzw. durch Geschenke und Almosen unterstützt werden. Neben solchen freiwilligen Almosen gehört die Entrichtung der Pflichtabgabe (*zakat*), die theologisch dadurch begründet wird, dass Gott der Eigentümer von allem ist und der Mensch nur das Nutzungsrecht besitzt, zu den religiösen Pflichten eines Gläubigen. Muslimische Lebensführung verlangt, den eigenen wirtschaftlichen Überfluss in sozialer Weise dem Bedürftigen zugute kommen zu lassen, aber auch Spekulationsgeschäfte, Zins oder Wucher zu unterlassen, weil dadurch göttliches Eigentum vom Menschen missbraucht würde.

d) Wallfahrt: Wenn die finanziellen Möglichkeiten es erlauben, soll jeder Muslim einmal im Leben die Wallfahrt (*hadsch*) nach Mekka unternehmen. Die erfolgreiche Absolvierung der Wallfahrt erhöht das Sozialprestige des Betreffenden innerhalb seiner Lebenswelt deutlich. Die Wallfahrt wird im Koran auf Ibrahim zurückgeführt. Während der jährlichen Pilgerfahrt im Wallfahrtsmonat treffen in Mekka Muslime aus der ganzen Welt zusammen. In den letzten Jahren haben im Durchschnitt zwei Millionen Menschen an der Wallfahrt teilgenommen, die auch symbolisch den Zusammenhalt der islamischen Gemeinschaft stärkt. Dies wird durch das einheitliche weiße Pilgergewand als Ausdruck der Gleichheit und Einheit aller Gläubigen vor Gott noch zusätzlich unterstrichen. Wichtige rituelle Elemente der Wallfahrt zur Kaaba in Mekka sind das siebenmalige Umwandeln des Heiligtums, verbunden mit Opfern und rituellen Prozessionen zu verschiedenen Orten im Umkreis der Kaaba. Höhepunkt und Abschluss der Wallfahrt bildet das so genannte Opferfest, das nicht nur in Mekka, sondern zeitgleich von den Muslimen in aller Welt gefeiert wird. Dadurch stimuliert die Wallfahrt nicht nur die Einheit aller Gläubigen in religiöser Hinsicht, sondern fördert auch das politische Bewusstsein unter Muslimen, als Ganzheit eine – weltumspannende – Gemeinschaft zu sein.

Neben Mekka ist Jerusalem mit der Al-Aqsa-Moschee auf dem Tempelberg ein weiterer wichtiger heiliger Ort und Ziel von Pilgerfahrten. Die Al-Aqsa-Moschee ist für alle Muslime ein Fokussierungspunkt der eigenen Heilsgeschichte, weil Muhammad in einer nächtlichen Reise von Mekka nach Jerusalem entrückt wurde, um vom Platz dieser Moschee aus seine visionäre Himmelsreise zu beginnen. – Für schiitische Muslime sind eine Reihe weiterer Orte in ihrer religiösen Geographie und Pilgerfrömmigkeit von Bedeutung. Dazu gehören vor allem jene Orte, die mit den Gräbern ihrer Imame verbunden sind, besonders die entsprechenden (Grab-)Moscheen in den irakischen Städten Nadschaf und Kerbela sowie in der ostiranischen Stadt Maschhad.

e) Ashura-Feier: Für das rituelle Jahr der Schiiten sind die Ashura-Feiern als Trauergedenken an den Tod des Imam Husain höher zu veranschlagen als der Fastenmonat bzw. die Wallfahrt nach Mekka. Lesungen, die die Leiden der schiitischen Märtyrer in Erinnerung rufen, Prozessionen und Passionsspiele, die wichtige Abschnitte der Schlacht von Kerbela darstellen, schaffen während dieser zehn Tage des Monats Muharram eine Martyriumsfrömmigkeit. Diese prägt nicht nur die schiitische Theologie, sondern hat im Laufe der Geschichte auch die theologische Rechtfertigung für kämpferische Auseinandersetzungen zwischen Schiiten und Sunniten bzw. für die Erhebung von Schiiten gegen nicht-muslimische Unterdrückung gegeben. Obwohl die Ashura-Feiern ihre besondere Ausformung in der

Schia haben, wird der Todestag von Husain auch von vielen Sunniten als Trauertag begangen.

f) Mystik: Die islamische Mystik bzw. der Sufismus ist eine Form der Frömmigkeit, die ihre Wurzeln im Koran hat und durch Impulse aus Neuplatonismus und Christentum, in späterer Zeit auch durch indische Einflüsse in vielfältiger Form entwickelt wurde. Der Mystiker schreitet auf seiner Gottsuche stufenweise voran oder durchläuft bildlich unterschiedliche Täler. Gott ist der Geliebte des Mystikers, so dass der Mystiker immer wieder die Vereinigung mit seinem Geliebten sucht. Um in dieser Suche Gott näher zu kommen, bedient er sich verschiedener Techniken, wie des ständigen Denkens an Gott (*dhikr*) bzw. des andauernden Rezitierens der «99 schönen Namen Gottes» als Meditation (*fikr*); auch Musik und Tanz werden in manchen mystischen Richtungen verwendet, um in tranceartiger Versenkung die Gemeinschaft mit Gott zu erleben. Da sich die Mystik für solche Praktiken der Gottesnähe auf die visionäre Himmelsreise Muhammads als Vorbild beruft, ließ sie sich, obwohl ihr von Rechtsgelehrten immer wieder der Vorwurf der Häresie gemacht wurde, nie völlig aus der muslimischen Frömmigkeit und Lebensgestaltung eliminieren. Seit dem 12. Jahrhundert entstanden aus solchen Formen der Gottesverehrung auch organisierte Bruderschaften mit einem spirituellen Meister an der Spitze, mit Novizen und ordensähnlichen Strukturen einschließlich «Ordensregeln». Der Mevlana-Orden mit dem Zentrum Konya in der Türkei ist stark von der Mystik des persischen Dichters Rumi (1207–1273) beeinflusst. Der Bektaschi-Orden ist unter Aufnahme schiitischer und alewitischer Elemente im 14. Jahrhundert in der Türkei entstanden und bis in die Gegenwart auch unter Muslimen in Südosteuropa verbreitet. Der ebenfalls im 14. Jahrhundert gegründete Naqschbandija-Orden spielt bis heute in Zentralasien und auf dem indischen Subkontinent eine wichtige Rolle. Dass auch die mystische Lebensweise die grundlegende Einbettung in die Welt sucht, spiegelt sich am deutlichsten in der im Jahr 1928 von dem Ägypter Hasan al-Banna gegründeten Muslimbruderschaft wider. Er war theologisch von mystischer Frömmigkeit geprägt, entwickelte daraus aber das politisch-islamistische Programm der Muslimbrüder.

4. Die kulturprägende Kraft

Da der Islam als «vollständige Hingabe» an Allah das ganze «alltägliche» Leben durchzieht, prägt die Religion die Kulturen, mit denen sie in Berührung kommt, nachhaltig. An erster Stelle sind dabei die mystische Dichtung und Literatur zu nennen. Auch die islamische Miniaturkunst in Form von Buchmalerei ist bedeutend. Ausgehend vom iranischen Islam – und eventuell unter Einfluss der Buchkunst der manichäischen Schreiber und Maler, die im Manichäismus bis zum Beginn des 2. Jahrtausends eine zu den religiösen Spezialisten gehörige Gruppe waren – hat sich diese Kunst auch auf dem indischen Subkontinent verbreitet. Dabei wurden sowohl figürlich-menschliche Darstellungen als auch Ornamentdarstellungen zu höchster Vollendung gebracht. Großflächige Bildkunst hat der Islam hingegen kaum entwickelt. Auf dem Gebiet der Moschee-Architektur haben sich lokale Stilformen ausgeprägt, im türkischen und iranisch-zentralasiatischen Raum genauso wie in Syrien und Nordafrika. Die islamisch-südasiatische Baukunst ist teilweise vom Iran geprägt, die südostasiatische Tradition ist von Südarabien beeinflusst.

Der Islam hat auch eine wichtige Rolle als Kulturvermittler gespielt, vor allem bei der Weitergabe des philosophischen und wissenschaftlichen Erbes der Antike an das abendländische Mittelalter. Arabische Autoren haben seit dem 8. Jahrhundert – teilweise vermittelt durch syrisch-christliche Übersetzungen – griechische neuplatonische Texte wieder bekannt gemacht, ebenso mathematische, naturwissenschaftliche und medizinische Traktate. Schnittpunkt des Kulturtransfers zwischen der islamischen und abendländischen Welt waren in erster Linie Spanien und teilweise Sizilien, das etwa zwischen 950 und 1050 unter muslimischer Herrschaft stand.

Weltweit gibt es rund 1,2 Milliarden Muslime; ca. 90% von ihnen sind Sunniten, 9% Schiiten und 1% Karidschiten. Die

Tafel 15: Der Islam in Indonesien

Die Republik Indonesien hat rund 255 Millionen Einwohner (2015) bei einer Fläche von etwas mehr als 1,9 Millionen km², verteilt auf mehr als 13 000 Inseln. Rund 87% der malaiischen Bevölkerung gehören dem sunnitischen Islam an, womit Indonesien der bevölkerungsreichste islamische Staat der Welt ist. Die übrige Bevölkerung gehört einer der anderen vier anerkannten Religionen an, nämlich 7% Protestanten, 2,9% Katholiken, 1,6% Hindus und 1,5% Buddhisten und Konfuzianer.

Über Nordsumatra begann – zunächst durch Händler aus Westindien, z. T. auch aus dem arabischen Raum – die Islamisierung der malaiischen Inselwelt und der Halbinsel des heutigen Malaysia, wobei seit dem 16. Jahrhundert die früheren buddhistischen bzw. hindu-jawanischen Königreiche flächendeckend islamisch wurden; lediglich auf der – abseits der damaligen Verkehrswege liegenden – Insel Bali blieb eine Lokalform des Hinduismus bis in die Gegenwart lebendig.

Charakteristisch für den Islam in Indonesien ist das Weiterwirken von Gewohnheiten (*adat*) der altjawanischen Gesellschaft, die teilweise auf hinduistische Traditionen zurückgehen. Sie durchziehen alle Bereiche des Lebens und bewirken somit einen gemäßigten Islam. Diesem Adat-Islam stehen jene Muslime (besonders in Nord-Sumatra) gegenüber, die nicht selten innerhalb von mystischen Bruderschaften eine strengere Auslegung des Islam und die Reinigung vom jawanischen «Synkretismus» anstreben. Die Spannung zwischen den unterschiedlichen «Islamen» in Indonesien ist seit der modernen Staatsgründung im Jahr 1945 relevant. Indonesiens Staatsideologie baut auf der *Pancasila* auf, nämlich auf folgenden fünf nationalen Prinzipien: Glaube an die All-Eine-Gottheit; Humanität; Indonesiens Unteilbarkeit; Demokratie; soziale Gerechtigkeit. Das erste Prinzip des Glaubens an die All-Eine-Gottheit ist immer wieder Anlass zum Protest von Anhängern einer strengen Islam-Interpretation, die dieses erste Prinzip exklusiv islamisch und auf Allah bezogen verstehen, während die politische Führung und Anhänger des Adat-Islam sowie die Angehörigen der vier weiteren in Indonesien anerkannten Religionen dieses Prinzip weiter interpretieren; dadurch wird indirekt verlangt, dass nicht nur eine Trennung von Staat und islamischer Religion entsteht, sondern auch jeder Indonesier frei seine eigene Religion wählen sollte. Gegenwärtig nimmt eine strengere Islamisierung breiterer Bevölkerungskreise zu, die teilweise auch extremistische Gruppierungen wie die Jemaat Islamiyya unterstützen bzw. mit ihr sympathisieren. Dadurch geraten die nicht-muslimischen Religionen, aber auch die Ahmadiya-Richtung des Islam unter Druck.

meisten Muslime leben in Indonesien (*Tafel 15*). Zur großen Herausforderung dieser Weltreligion für die Zukunft gehört die Bewältigung der Spannung zwischen fundamentalistisch-islamistischen Strömungen, die als islamische Reaktion auf die westliche moderne Welt entstanden sind, und muslimischen Modernisierungstendenzen, die zu einer islamischen Aufklärung – vergleichbar der europäischen Aufklärung – führen könnten. Welche Rolle den Muslimen in Europa bei der Bewältigung dieses Problems zukommen könnte, kann derzeit nicht gesagt werden, unter anderem deswegen, weil die Muslime in Europa einen sehr vielfältigen kulturellen islamischen Hintergrund aufweisen: Britische Muslime stammen zum Großteil vom indischen Subkontinent, Muslime in Frankreich und Spanien vor allem aus Nordafrika, in Italien finden wir Muslime mit nord- bzw. ostafrikanischem Hintergrund – jeweils mit eigener Rechtstradition, mehrheitlich sunnitischer, teilweise auch schiitischer Orientierung. In Deutschland leben derzeit rund 3,2 Millionen Muslime, von denen etwa 80 % zum Großteil türkischstämmmige Sunniten sind. Rund 200 000 Personen iranischer bzw. türkischer Herkunft können der Zwölferschia zugerechnet werden, ferner leben in Deutschland etwa 410 000 Alewiten. Muslime deutschstämmiger Herkunft bilden lediglich eine Minderheit von ca. 13 200 Personen, jedoch besitzen 802 000 Muslime einen deutschen Pass.

Baha'i-Religion

Die relativ junge Baha'i-Religion steht in einem komplexen Netz von religionsgeschichtlichen Beziehungen zu älteren Religionen, vor allem zum iranischen Islam und zu dem im Iran beheimateten Zoroastrismus, aber auch zum Judentum und Christentum. Das Selbstverständnis der Baha'i betont, dass alle diese Religionen in ihrem Wesenskern eins sind. Dies war von Beginn an ein Aspekt, der einen weltumfassenden Anspruch der Baha'i-Religion ermöglicht hat. Der «Größte Name», die kalligraphische Gestaltung des arabischen Textes *ya Baha'u'l-Abha* («O Herrlichkeit der Herrlichkeiten»), der theologisch einen Lobpreis Gottes ausdrückt, kann als Symbol für den strengen Monotheismus der Baha'i-Religion gelten.

I. Die «Zwillingsoffenbarer» Bab und Baha'u'llah

Sayyid Ali Muhammad, der Bab, wurde am 20. Oktober 1819 in Shiraz im Iran geboren. Der Titel Sayyid deutet an, dass er als Nachfahre Muhammads, des Stifters des Islam, gilt. 1840/41 besuchte er die berühmten schiitischen Heiligtümer in Kerbela und kam dort mit der Auslegung des Islam der so genannten Shaykhi-Bewegung in Berührung, die von Erwartungen der nahe bevorstehenden Wiederkehr des verborgenen Imam geprägt war. Bei einem Zusammentreffen mit Mulla Husain Bushru'i, einem Anhänger der Shaykhi-Bewegung, am 22. Mai 1844 in Shiraz stellte sich Sayyid Ali Muhammad als der Bab vor, als «Tor» zu dem verborgenen Imam. Für die späteren Baha'i ist dies der Beginn einer neuen Ära und neuen Religion, die schnell Anhänger aus dem schiitischen Umfeld gewann. Der Bab unternahm im Herbst

1844 die Wallfahrt nach Mekka, zeigte sich aber zugleich enttäuscht, dass viele schiitische Gelehrte und Geistliche seine Deutung des Islam ablehnten. Zu Beginn des Jahres 1847 wurde er verhaftet. In einem Brief, den er während seiner Gefangenschaft schrieb, stellte er sich schließlich als der wiedergekommene 12. Iman vor. Für seine Anhänger markierte dieser Brief endgültig die theologische Begründung dafür, sich als vom schiitischen Islam unabhängige Gemeinschaft zu verstehen.

Die Hauptquelle der Lehre des Bab ist der *Bayan* («Erklärung»). Der Bab verkündet den Glauben an einen Gott, betont aber, dass die Endzeit bereits jetzt für jene begonnen hat, die mit Gott leben. Der «Jüngste Tag» wird durch das Kommen eines neuen göttlichen Gesandten anbrechen, wobei die Texte des Bab dafür keine nähere Zeitangabe nennen. Schiitische Gedanken des Märtyrertums und des Dschihad bleiben in der Lehre des Bab erhalten.

Im Juli 1848 trafen sich die wichtigsten Anhänger des Bab in der Ortschaft Badasht am Kaspischen Meer, wo sie über die Konsequenzen der Lehren des gefangenen Bab berieten. Eine der Wortführerinnen, Qurrat al-Ayn, befürwortete eine radikale Trennung von den Muslimen, was zu Aufständen gegen die iranische Regierung, zur Verfolgung der Gemeinde und zur Hinrichtung des Bab am 9. Juli 1850 führte. Diese Verfolgungen dauerten bis 1852/53 an.

Seit 1848 waren noch zwei weitere Personen unter den frühen Anhängern des Bab bedeutsam geworden, die beiden Halbbrüder Mirza Husain Ali Nuri, genannt Baha'u'llah (1817–1892), und Mirza Yahya Nuri, bekannt als Subh-i Azal (1830–1912). Nach dem Tod des Bab wurde die Gemeinschaft zunächst von Subh-i Azal geleitet. Baha'u'llah wurde im Zuge der Verfolgungen 1852 in Teheran inhaftiert und nach einigen Monaten nach Bagdad ins Exil geschickt; auch Subh-i Azal und andere Anhänger des Bab zogen dorthin. In Bagdad kam es zu ersten Spannungen zwischen den beiden Halbbrüdern. Baha'u'llah zog für rund zwei Jahre das Leben eines Mystikers im kurdischen Bergland vor, ehe er 1856 nach Bagdad zurückkehrte. Aus dieser Phase stammen wichtige mystische Schriften Baha'u'llahs, z. B. die so genannten *Sieben Täler* oder die *Verborgenen Worte*. Ein erster theologischer Einschnitt ist das 1862 veröffentlichte *Buch der Gewissheit (Kitab-i Iqan)*, in dem Baha'u'llah nicht nur die Rolle des Bab als Stifter einer neuen Religion nach dem Islam beschrieb, sondern auch andeutete, dass er selbst jener göttliche Gesandte sei, von dessen zukünftigem Kommen in den Schriften des Bab gesprochen wird. Rund ein Jahr später, unmittelbar bevor eine weitere Exilierung Baha'u'llahs von Bagdad über Istanbul nach Edirne in der Türkei bevorstand, erklärte er am 8. April 1863 vor einem kleinen Kreis auserwählter Anhänger schließlich explizit, dass er der Verheißene sei, «den Gott offenbaren würde» (*man yuzhiruhu 'llah*). Subh-i Azal war nicht unter denjenigen, die dies aus erster Hand erfahren haben; Baha'u'llah hat ihm gegenüber diesen Anspruch erst in einem Schreiben im Frühjahr 1866 in Edirne dargelegt. Spätestens dieser Zeitpunkt markiert den endgültigen Bruch zwischen den beiden Halbbrüdern. Nunmehr hatten sich die Anhänger endgültig zu entscheiden, ob sie Baha'u'llah als neuen Religionsstifter anerkannten oder weiter auf einen vom Bab verheißenen zukünftigen Propheten warteten. Da es in dieser Frage auch zu gewalttätigen Auseinandersetzungen kam, verbannte die osmanische Regierung 1868 die Anhänger Subh-i Azals nach Zypern, wo sie in den folgenden Jahrzehnten in der islamischen Umgebung aufgingen. Die Anhänger Baha'u'llahs wurden nach Akko im heutigen Israel verbannt; spätestens seit diesem Zeitpunkt kann man sie als Baha'i, «die zu Baha'(u'llah) gehörigen Personen», bezeichnen.

Das zeitlich eng miteinander verbundene Wirken des Bab und von Baha'u'llah, aber auch ihre – aus der Sicht der Baha'i-Theologie – zusammengehörige Lehre lässt diese beiden Gestalten als «Zwillingsoffenbarer» charakterisieren, die für die Baha'i-Religion als gemeinsame Identifikationsfiguren den Anfang ihrer Geschichte markieren. Weil Baha'u'llah manche der Lehrinhalte des Bab modifiziert hat, nimmt er in der Baha'i-Religion den noch bedeutsameren Rang ein.

2. Historische Entwicklungen

Während der mehr als zwei Jahrzehnte in Akko und Umgebung entstand der größere Teil des äußerst umfangreichen Schrifttums Baha'u'llahs in arabischer und persischer Sprache, worin die grundlegenden theologischen Lehren, aber auch die Religionsgesetze und die administrative Organisation der Religion festgelegt sind. Der wichtigste Text der Baha'i ist der *Kitab-i Aqdas*, das *Heiligste Buch*, aus dem Jahr 1873. Durch dieses Buch wurden die «weltlichen» Gesetze, die der Bab im *Bayan* für seine Religion festgelegt hatte, endgültig aufgehoben. Der arabische Text des *Kitab-i Aqdas* ähnelt stilistisch dem klassischen Stil des Koran. Briefe an einzelne Baha'i oder politische Führer entstanden ebenfalls in diesen Jahren. Am 29. Mai 1892 starb Baha'u'llah in Bahji bei Haifa.

a) Die Lehre Baha'u'llahs: Im Mittelpunkt des Glaubenssystems steht eine dreifache Einheit: die Einheit Gottes, die Einheit der göttlichen Offenbarer und die Einheit der Menschheit.

Das strenge Festhalten an der Einheit Gottes (*tauhid*) teilt Baha'u'llah nicht nur mit dem Bab, sondern auch mit dem transzendenten Gottesbild des Islam sowie ferner mit dem jüdischen und christlichen Monotheismus. Gott ist für Baha'u'llah der erste Urgrund und der einzig Existierende, der nur durch seine Eigenschaften – etwa seine Allmacht, sein Wissen, seinen Willen – dem Menschen zugänglich wird, teilweise als Widerspiegelung in den Schöpfungswerken, teilweise explizit durch das Wirken der Offenbarer (*Tafel 16a*).

Aus der strengen Einheit Gottes resultiert für Baha'u'llah zugleich die Einheit aller Religionen. Da sich nur der Mensch entsprechend der Evolution weiterentwickelt, Gott aber in seiner Einheit und Einzigkeit unwandelbar ist, ist es nötig, dass von Zeit zu Zeit göttliche Offenbarer oder Manifestationen in der Welt auftreten, um den Menschen erneut die Religion und das Wissen von Gott zu verkünden. In theologisch-substanzieller Form verkünden diese Offenbarer immer dieselbe Botschaft Gottes, allerdings in veränderter äußerer Form, die der fort-

Tafel 16: Ausgewählte Texte zur Baha'i-Religion

a) Zum Gottesbild (zitiert nach Bahá'u'lláh: Ährenlese. Eine Auswahl aus den Schriften, Hofheim 1980, Kap. 78).

«Die Stätte, wo das Wesen Gottes wohnt, ist hoch über Reichweite und Fassungskraft eines jeden außer Ihm erhaben. Was immer in der bedingten Welt aussagbar oder begreiflich ist, kann niemals die ihm durch seine Natur gegebenen Grenzen überschreiten. Gott allein übersteigt derartige Grenzen. Er, wahrlich, ist von Ewigkeit her. Keiner Seinesgleichen, kein Gefährte war ihm je zugesellt. Kein Name ist mit Seinem Namen vergleichbar. Keine Feder kann Sein Wesen beschreiben, keine Zunge seine Herrlichkeit schildern. Er bleibt immer über alle außer Ihm selbst unermesslich erhaben.»

b) Weiterleben der Seele nach dem Tod (zitiert nach Bahá'u'lláh, ebd., Kap. 81).

«Wisse wahrlich, daß die Seele nach Ihrer Trennung vom Leibe weiter fortschreitet, bis sie die Gegenwart Gottes erreicht, in einem Zustand und einer Beschaffenheit, die weder der Lauf der Zeiten und Jahrhunderte noch der Wechsel und Wandel dieser Welt ändern können. Sie wird so lang bestehen, wie das Reich Gottes, Seine Allgewalt, Seine Herrschaft und Macht bestehen werden. Sie wird die Zeichen Gottes und Seine Eigenschaften offenbaren, Seine Gnade und Huld enthüllen. Meine Feder stockt, wenn sie die Höhe und Herrlichkeit einer so erhabenen Stufe gebührend zu beschreiben sucht. [...] Die Himmelsdienerinnen, Bewohnerinnen der erhabensten Stätten, werden sie umschreiten, und die Propheten Gottes und Seine Auserwählten werden ihre Gesellschaft suchen.»

c) Aus der Verfassung des Universalen Hauses der Gerechtigkeit (zitiert nach U. Schaefer [Hg.]: Die Verfassung der Bahá'í-Gemeinde, Hofheim 2000, 20 f.).

«Ursprung, Amtsgewalt und Kompetenzen des Universalen Hauses der Gerechtigkeit beruhen auf dem offenbarten Wort Bahá'u'lláhs. Dieses bestimmt mit den dazu ergangenen Interpretationen und Erläuterungen des ‹Mittelpunktes des Bundes› und des ‹Hüters der Sache Gottes›, der nach Abdu'l Baha das ausschließliche Recht zur verbindlichen Auslegung der Schrift hatte, den Zuständigkeitsbereich des Universalen Hauses der Gerechtigkeit. Sie sind sein felsengleiches Fundament. Die Autorität dieser Texte ist absolut und unwandelbar, bis der allmächtige Gott eine neue Manifestation offenbart, die dann über alle Amtsgewalt verfügen wird.»

schreitenden geistigen Entwicklung der Menschheit angemessen ist. Dieser Evolutionsgedanke im Glauben der Baha'i ist nicht völlig neu, da bereits der Manichäismus im Iran und der Islam eine ähnliche Ansicht vertreten haben. Baha'u'llahs Neuerung besteht darin, die Baha'i-Religion selbst als Teil dieser Evolution zu betrachten. Der Gedanke der «Einheit der Offenbarer und der Religion» führt unter Berücksichtigung der Entwicklung der Menschheit so konsequenterweise dazu, dass sich in ferner Zukunft – nach dem *Kitab-i Aqdas* nicht vor dem Ablauf von tausend Jahren – eine neue göttliche Offenbarung ereignen muss. Deswegen aktualisiert jeder neue Offenbarer die äußere Form der Religion, womit die Baha'i-Religion die Lehre einer fortschreitenden Offenbarung vertritt, die zugleich den absoluten Einmaligkeitsanspruch religionsintern relativiert.

Der dritte Aspekt der «Einheit» bezieht sich auf die Menschheit: Alle Menschen – Männer und Frauen ebenso wie unterschiedliche Rassen – werden als gleichwertig angesehen. Daher sind die Baha'i nicht nur verpflichtet, ihre Religion zu verkünden, sondern müssen auch gegen die Benachteiligung von Menschen aufgrund ihrer Rasse oder ihres Geschlechts angehen. Gesellschaftliches Engagement für bessere Lebensbedingungen, z. B. in Entwicklungsländern, für gleiche Bildungschancen von Frauen und Männern, für den Weltfrieden sowie das Streben nach einer globalen Ethik sind praktische Konsequenzen dieses theologischen Lehrinhalts.

Der einzelne Mensch steht von allen Schöpfungswerken Gott am nächsten, kann – mit Hilfe seines Verstandes – Gott daher auch erkennen und mit ihm einen Bund schließen, der dem Menschen die Aussicht auf ein ewiges Leben gibt. Dadurch ist das Leben des Baha'i eine kontinuierliche Reise zu Gott, und das Sprechen über Himmel und Hölle bedeutet symbolisch Nähe zu bzw. Trennung von Gott. Da mit dem Erscheinen von Gottes neuer Manifestation in der Welt bereits die Eschatologie als Ende der Zeiten begonnen hat, erlangt der Mensch theologisch eine gewisse «Einheit» (aber niemals «Gleichheit») mit Gott bereits zu Lebzeiten. Im individuellen Tod steigt dann die menschliche Seele zu Gott in das «Abha Königreich» auf (*Tafel 16b*).

b) Abdu'l Baha, der «Mittelpunkt des Bundes»: Abdu'l Baha wurde in jener Nacht geboren, in der sich Sayyed Ali Muhammad in Shiraz zum Bab erklärte. Seit der Zeit von Baha'u'llahs Verbannung und Inhaftierung in Akko hatte er die Kontakte zwischen Baha'u'llah und der Gemeinschaft aufrechterhalten. Im *Kitab-i Ahd*, dem *Buch des Bundes*, aus dem Jahr 1890 wurde ihm von seinem Vater der Titel «Mittelpunkt des Bundes» verliehen, der seine hohe Stellung im Glauben der Baha'i ausdrückt. Allerdings hat Abdu'l Baha innerhalb der Baha'i-Religion nie den Rang eines Offenbarers erlangt, sondern gilt lediglich als autoritativer Ausleger der Offenbarung Baha'u'llahs.

Von 1892 bis 1921 war er das geistige Oberhaupt der Baha'i-Religion. Sein Wirken war im ersten Jahrzehnt auf das Gebiet von Akko beschränkt. Doch kamen Baha'i aus den Ländern des Mittleren Ostens nach Akko und stärkten so die Verbindungen zwischen dem Mittelpunkt des Bundes und seinen Anhängern. 1898 trafen die ersten amerikanischen Baha'i-Pilger in Akko ein, nachdem der Baha'i-Glaube seit 1894 in Amerika bekannt geworden war. Ein denkwürdiges Ereignis in der Baha'i-Geschichte ereignete sich im Jahr 1909, als der Leichnam des Bab endgültig in einer Grabstätte auf dem Berg Karmel beigesetzt werden konnte. Denn diese Grabstätte wurde – neben Baha'u'llahs Grab in Bahji – zu einem wichtigen Ziel für die Baha'i-Pilger. Dies ist auch deswegen wichtig, weil durch die politischen Bedingungen viele frühe Baha'i-Stätten, z. B. das Haus des Bab in Shiraz oder der Garten Ridvan, in dem Baha'u'llah sich als göttliche Manifestation erklärt hatte, für Baha'i bis heute unzugänglich bzw. zerstört sind.

Für die weitere Entwicklung der Baha'i-Lehren entscheidend waren auch die größeren Reisen, die Abdu'l Baha seit 1910 unternehmen konnte, zunächst nach Ägypten und in den Jahren 1912 bis 1913 durch mehrere Länder Europas und nach Nordamerika. Durch diese Missionarsreisen wurde die Baha'i-Religion in praktischer Hinsicht zu einer universellen Religion, außerdem brachten Abdu'l Bahas Begegnungen mit Menschen der westlichen Welt auch neue Themen in seine Schriften ein, in denen er die Offenbarungen seines Vaters auslegte. So nahm er in der Entfaltung und Verdeutlichung der Lehre Baha'u'llahs vermehrt Bezug auf das Christentum, während – zumindest in den Reden, die er im Westen hielt – die Bezüge zum Islam geringer wurden. Dies war keine bloße «Anpassung» an den jeweiligen Lebens- und Gesellschaftskontext der Zuhörer, die Abdu'l Baha für die Religion gewinnen wollte, vielmehr handelte es sich um die konkrete Auslegung von Baha'u'llahs Lehre der Einheit aller Religionen, indem Abdu'l Baha diese Einheit durch Übereinstimmungen zwischen Christentum und Baha'i-Religion aufzeigt. Ferner kam es während der Zeit des Wirkens von Abdu'l Baha auch zu einer Erweiterung und Entwicklung der Baha'i-Religion auf gesellschaftlicher Ebene, die u. a. zu humanitärem Engagement durch Abdu'l Baha und andere Baha'i während des Ersten Weltkriegs führte. Am 28. November 1921 starb Abdu'l Baha in Haifa und wurde in der Grabstätte des Bab beigesetzt.

c) Shoghi Effendi, der «Hüter der Sache Gottes»: Nach Abdu'l Bahas Tod übernahm sein 1897 geborener Enkel Shoghi aufgrund einer testamentarischen Verfügung Abdu'l Bahas die Leitung der Baha'i-Religion. In jener Zeit gab es in etwa 22 Ländern Baha'i-Gemeinschaften, die sich ausgehend vom Vorderen Orient in Europa und Amerika, aber auch in Indien und Burma verbreiteten. Shoghi Effendi erhielt seine Ausbildung in Oxford. 1936 heiratete er Mary Maxwell Ruhhiyah Khanum (gestorben 2000).

Shoghi Effendis Bedeutung für die Entfaltung der Religion lag auf mehreren Ebenen: Er war der unfehlbare Interpret und Kommentator der Schriften Baha'u'llahs und Abdu'l Bahas; in dieser Funktion erhielt er in der Gemeinde den Ehrentitel «Hüter der Sache Gottes». Ein Großteil seiner Interpretationsarbeit lag einerseits darin, dass er eine Vielzahl von Schriften Baha'u'llahs (und einige Abdu'l Bahas) aus dem Arabischen bzw. Persischen ins Englische übersetzte. Dadurch wurden diese Texte außerhalb des vorderasiatischen Kulturraums leichter zugänglich. Shoghi Effendis Übersetzungen gelten innerhalb der Religionsgemeinschaft als ebenso verbindlich wie die Originaltexte. Das von ihm eigenständig verfasste Schrifttum zeigt eine weitere Seite seiner

Tafel 17: Zeittafel zur Baha'i-Religion

1817	Geburt von Mirza Husain Ali Nuri, genannt Baha'u'llah
1819	Geburt von Sayyid Ali Muhammad, genannt Bab
1830	Geburt von Baha'u'llahs Halbbruder Mirza Yahya Nuri, genannt Subh-i Azal
1844	«Erklärung» des Bab in Shiraz
1848	Versammlung der Babis in Badasht und formelle Trennung vom Islam
1850	Hinrichtung des Bab in Tabriz
seit 1853	Exilaufenthalt von Baha'u'llah und Subh-i Azal in Bagdad
1863	Baha'u'llah erklärt sich im Ridvan-Garten in Bagdad als neuer göttlicher Gesandter und Offenbarer.
1863–68	Exil in Edirne
1866/67	Trennung der beiden Halbbrüder Baha'u'llah und Subh-i Azal
1868	Exilierung Baha'u'llahs nach Akka und Subh-i Azals nach Zypern
1892	Tod Baha'u'llahs; sein Sohn Abdu'l Baha wird sein Nachfolger.
1907	Erste Baha'i-Gemeinden in Deutschland
1909	Endgültige Beisetzung der sterblichen Überreste des Bab auf dem Karmel
1911–1913	Reisen Abdu'l Bahas in die USA und nach Europa
1921	Tod Abdu'l Bahas; sein Enkel Shoghi Effendi wird sein Nachfolger.
1951	Shoghi Effendi ernennt die ersten «Hände der Sache Gottes».
1953	Gründung des Nationalen Geistigen Rates in Deutschland
1957	Überraschender Tod Shoghi Effendis, ohne dass ein Nachfolger bestimmt wird
1963	Etablierung des «Universalen Hauses der Gerechtigkeit» als oberstes Leitungsgremium der Baha'i-Religion
1964	Einweihung des «Hauses der Andacht» in Langenhain bei Frankfurt am Main
seit 1979	Unterschiedlich intensive Wellen der Verfolgung der Baha'i-Religion im Iran
1985	Friedensbotschaft des Universalen Hauses der Gerechtigkeit aus Anlass des vierzigjährigen Bestehens der Vereinten Nationen
1992	Englische Übersetzung des Kitab-i Aqdas, der wichtigsten Schrift Baha'u'llahs
2000	Tod von Ruhhiyah Khanum, der Gattin Shoghi Effendis
2008	Die Baha'i-Bauten in Haifa und Akka werden in die Liste des Weltkulturerbes aufgenommen.

Bedeutung für die Entwicklung der Religion: Diese Schriften beziehen sich zu einem großen Teil auf administrative und institutionelle Fragen, wodurch Shoghi Effendi der Religion den äußeren Rahmen gibt; sein Wirken kann man daher als «gestaltendes Zeitalter» der Religion bezeichnen. Während nämlich in Baha'u'llahs *Kitab-i Aqdas* die meisten Baha'i-Organisationen nur in kurzer und allgemeiner Form angeführt sind, legte Shoghi Effendi die Details fest. Unerwartet starb er am 4. November 1957 in London, wo er auch beigesetzt wurde.

d) Das Universale Haus der Gerechtigkeit: Da Shoghi Effendi kein Testament hinterließ, ist mit seinem Tod das Amt als «Hüter der Sache Gottes» erloschen. Die administrative sowie rechtliche Leitung der Religion obliegt seither dem im Rahmen einer Wahl im April 1963 erstmals etablierten «Universalen Haus der Gerechtigkeit». Diese Leitungsinstitution der Religion hat ihren Sitz in Haifa in Israel und besteht aus neun im Fünfjahresrhythmus gewählten Männern. Neben legislativer und exekutiver Befugnis hat das Haus auch die Aufgabe, die Schriften des Bab sowie die von Baha'u'llah, Abdu'l Baha und Shoghi Effendi zu kommentieren. Allerdings besitzen weder die Mitglieder dieser Institution noch die Institution als Ganze die normative theologische Auslegungsbefugnis, die Abdu'l Baha und Shoghi Effendi hatten. Daher ist die Unfehlbarkeit des Universalen Hauses der Gerechtigkeit auf die juristische Ebene beschränkt (*Tafel 16c*).

Hierarchisch in klarer Abhängigkeit und Unterordnung gegenüber dem Universalen Haus der Gerechtigkeit gibt es auf lokaler Ebene die so genannten Nationalen Geistigen Räte bzw. Lokalen Geistigen Räte. Auch diese Einrichtungen setzen sich aus jeweils neun – allerdings jährlich – gewählten männlichen und weiblichen Mitgliedern zusammen. An jedem Ort, an dem wenigstens neun Baha'i leben, soll ein Lokaler Geistiger Rat gewählt werden. Durch diesen klar strukturierten organisatorischen Aufbau soll gewährleistet bleiben, dass trotz der weltweiten Verbreitung der Gedanke der Einheit der Religion auch in der Praxis gewahrt bleibt.

3. Praxis und Lebensgestaltung

a) Kalender und Feste: Die Baha'i-Religion kennt keine ausgeprägte Ritualistik, weshalb Baha'i-Feste in ihrem Ablauf weniger vielfältig sind, als dies bei anderen Religionen der Fall ist. Ferner gibt es in der Baha'i-Religion kein Priestertum bzw. keinen Stand von religiösen Spezialisten oder «Religionsgelehrten», vielmehr ist jeder Gläubige verpflichtet, selbstständig nach der religiösen Wahrheit zu suchen und die Religion zu studieren und entsprechend seinen Fähigkeiten auch das religiöse Leben der Gemeinschaft mitzugestalten.

Geprägt werden das Baha'i-Jahr und der Festkalender zunächst durch 19 Monate zu je 19 Tagen und vier zusätzlich eingeschobene Tage. Diesen Kalender, der sich am Sonnenjahr orientiert, hat bereits der Bab in Abkehr vom islamischen Mondkalender eingeführt. Zu Beginn jedes der 19 Baha'i-Monate findet das so genannte Neunzehntagefest statt, das aus drei Teilen besteht: «Andacht» mit Gebeten und Lesungen, «Beratung» über religiöse und administrative Fragen der Glaubensgemeinde und «Bewirtung» zur Stärkung des Zusammengehörigkeitsgefühls der Gemeinde.

Die neun «heiligen Tage» sind zentrale Feiertage, die Ereignisse der Baha'i-Geschichte theologisch deuten: Das Neujahrsfest (Nowruz: 21. März) zeigt die historische Verbindung dieser Religion mit der iranischen Kulturgeschichte und gilt für die Baha'i als Fest der Gastfreundschaft und Freude. Höhepunkt des Festkalenders ist das zwölf Tage dauernde Ridvan-Fest (21. April bis 2. Mai) in Erinnerung an die Offenbarung Baha'u'llahs. In der Bedeutung nur wenig nachgeordnet ist der Tag der Offenbarung des Bab (23. Mai). Weitere wichtige Festtage sind die Todestage Baha'u'llahs (29. Mai) und des Bab (9. Juli) sowie die Geburtstage des Bab (20. Oktober) und Baha'u'llahs (12. November). Da diese beiden Geburtstage nach dem iranisch-islamischen Mondkalender in den Jahren 1819 bzw. 1817 auf den 1. bzw. 2. Tag des Monats Muharram fielen, werden sie als «Zwillingstage» bezeichnet, um die «Zwillingsoffenbarung» zu unterstreichen. Baha'i in islamisch geprägten Ländern feiern gelegentlich bis in die Gegenwart diese beiden Tage nicht nach dem abendländischen Kalender, sondern entsprechend dem islamischen Kalender, um die Einheit der beiden Religionsstifter zu zeigen. Das durch diesen Festzyklus strukturierte kultische Jahr wird durch den Fastenmonat abgeschlossen; in diesem Monat sollen Baha'i sich zwischen Sonnenaufgang und Sonnenuntergang der Nahrungsaufnahme enthalten, aber auch ein «spirituelles Fasten» praktizieren, um diese Zeit besonders für die religiöse Reifung zu nutzen.

b) Gebet: Jeder Baha'i hat das tägliche Pflichtgebet zu sprechen, das drei verschiedene Formen hat. Das «Mittlere Gebet» stellt gleichsam den Idealfall dar; dieses soll dreimal täglich mit der Gebetsrichtung (*qibla*) zum Grabmal Baha'u'llahs in Bahji gesprochen werden. Eine Alternative zum Pflichtgebet ist das «Kurze Gebet», das zur Mittagsgebetszeit zu sprechen ist, oder das «Lange Gebet»; hierbei ist der Gläubige in der Wahl der Gebetszeit frei. – Neben den Pflichtgebeten kennt die Baha'i-Religion noch eine Fülle von Gebeten, die von Baha'u'llah offenbart wurden. Alle Gebete sind stets individuell zu sprechen, denn mit Ausnahme des Totengebets bei der Bestattung gibt es keine Gemeinschaftsgebete.

c) Häuser der Andacht und Wallfahrt: «Häuser der Andacht» nehmen in der Baha'i-Religion als Orte der Meditation und des Gebets eine besondere Stellung ein, da sie den Angehörigen sowohl der eigenen als auch anderer Religionen als Orte des Gotteslobes und der Gotteserfahrung offen stehen; dadurch sind sie auf ihre Weise Symbol der Einheit der Religionen. Ziel der Baha'i-Religion ist es, an jedem Ort, an dem Baha'i leben, ein solches Haus zu errichten. Derzeit gibt es sieben solche Häuser. Wegen seiner architektonischen Gestaltung in Form von Lotosblättern dürfte das Haus in Neu Delhi (Indien) derzeit am berühmtesten sein. Das Haus der Andacht in Langenhain bei Frankfurt am Main (1964 eröffnet) als «europäisches» Haus der Andacht verleiht der deutschen Baha'i-Gemeinde eine gewisse Wertschätzung innerhalb Europas. Pläne existieren für ein Haus der Andacht in Israel sowie in Iran; aus politischen Gründen dürfte ein Bau wohl erst in fernerer Zukunft möglich werden.

Der Besuch in einem Haus der Andacht ist für Baha'i keine Wallfahrt, da diese nur ausgewählte Orte zum Ziel haben, die eng mit dem Leben des Bab bzw. Baha'u'llahs verbunden sind. Wallfahrtsstätten sind das – seit der Zerstörung im Jahr 1981 im Gefolge der Islamischen Revolution nicht mehr existierende – Haus des Bab in Shiraz, das seit den 20er Jahren des 20. Jahrhunderts im irakischen Staatsbesitz befindliche Haus Baha'u'llahs in Bagdad sowie das Grabmal Baha'u'llahs. Jeder, der sich die Wallfahrt dorthin leisten kann, ist dazu auch verpflichtet.

d) Gesetze und Ethik: Das Leben des einzelnen Baha'i ist durch die Gesetze, die Baha'u'llah im *Kitab-i Aqdas* geoffenbart hat, geregelt. Dabei handelt es sich um Vorschriften zur Lebensführung wie Fasten, Gebete, Reinheitsvorschriften sowie um Gebote und Verbote, die das zwischenmenschliche Zusammenleben betreffen (wie Erbrecht, Eherecht). Die Lehre der Einheit der Menschen führt zu einer konkreten Weltzugewandtheit der Baha'i, die sich auch im Bemühen um Entwicklungs- und Ausbildungsprojekte (zum Teil speziell für Frauen) sowie um friedensfördernde Maßnahmen zeigt. Die Lehre der substanziellen Einheit der Religionen eröffnet dem Baha'i zugleich ein Aktionspotenzial auf interreligiösem Gebiet. Sowohl auf nationaler als auch auf lokaler Ebene arbeiten einzelne Gläubige aktiv in entsprechenden Arbeitskreisen mit. In institutionalisierter Form ist vor allem der so genannte «Weltreligionstag» zu nennen, der seit rund vier Jahrzehnten am dritten Sonntag im Januar gefeiert wird; im Mittelpunkt dieses Tages steht der Gedanke der Einheit der Religionen.

4. Die kulturprägende Kraft

Als Religion mit einer noch kurzen Geschichte hat die Baha'i-Religion kaum Kulturräume sichtbar geprägt. Baha'i betonen aus dem Verständnis ihrer Religion heraus, dass sich die Einheit der Menschheit durchaus in der lokalen kulturellen Vielfalt verwirklichen kann, so dass kulturschaffende Baha'i sich am lokalen «Kulturleben» beteiligen, die jeweilige Kultur aber durch Impulse, die aus den Baha'i-Lehren kommen, bereichern und umgestalten wollen. Insofern können die Häuser der Andacht, aber auch Entwicklungs-, Erziehungs- und Wirtschaftsprojekte, die aufgrund der ethischen Grundsätze der Baha'i-Religion initiiert und durchgeführt werden, als kulturprägende Elemente im weitesten Sinn betrachtet werden. Diesbezügliche Initiativen und Erfolge lassen sich vor allem in ländlichen Bereichen mancher afrikanischer Länder, in Süd- und Südostasien sowie in Lateinamerika und im pazifischen Raum (*Tafel 18*) beobachten.

Grenzen erfährt dieses Anliegen der Baha'i derzeit vor allem in islamisch geprägten Gesellschaften, in denen ihr Wirken bestenfalls eingeschränkt möglich ist. In einigen islamischen Ländern ist die Baha'i-Religion ausdrücklich verboten bzw. wird verfolgt. Es gehört zu den dunklen Episoden der iranischen Geschichte des 19. und 20. Jahrhunderts, dass immer wieder Verfolgungswellen über die Baha'i hereingebrochen sind, bereits während der Zeit der Kadscharendynastie (bis 1921), aber auch unter der in mancher Hinsicht verwestlichten Herrschaft von Muhammad Reza Shah Pahlavi (1945–1978) und in der Islamischen Republik Iran. Diese Situation trägt bis in die Gegenwart dazu bei, dass Baha'i im Iran von weiterführender Bildung praktisch ausgeschlossen sind und damit auf dem qualifizierten Arbeitsmarkt eine Benachteiligung erfahren. Im Jahr 2004 wurden mehrere mit der frühen Baha'i-Geschichte im Iran verbundene Bauten zerstört, um die kulturellen Spuren dieser Religion im Iran zu tilgen. Deswegen verlassen manche Baha'i als Flüchtlinge den Iran; so leben heute nur noch 250 000 bis 300 000 Gläubige im Ursprungsland dieser Religion, d. h. rund vier bis fünf Prozent der weltweit insgesamt 6 Millionen Baha'i. Dass

Tafel 18: Die Baha'i-Religion in Samoa

Der aus mehreren Inseln bestehende Staat Samoa hat eine Fläche von 2831 km² mit 197 000 Einwohnern (2014). Staatsoberhaupt war bis 2007 König Malietoa Tanumafili II., nach dessen Tod die Staatsform zu einer parlamentarischen Republik wurde. 90% der Bevölkerung sind Polynesier, rund 9% Eurasier. Mehr als drei Viertel der Bewohner des Staates sind Protestanten, 19% Katholiken, während der Baha'i-Gemeinde weniger als 2% der Bevölkerung angehören.

Die Baha'i-Geschichte des seit 1962 unabhängigen Staates beginnt in den frühen 1950er Jahren, als Shoghi Effendi einen Zehn-Jahres-Plan zur Verbreitung der Religion im pazifischen Raum erarbeitet hat. Ende der 1990er Jahre gab es in West-Samoa 49 Lokale Geistige Räte, wobei etwas mehr als ein Drittel der Mitglieder dieser Baha'i-Institutionen Frauen sind.

Dass West-Samoa für die gegenwärtige Baha'i-Welt eine besondere Bedeutung hat, hängt von zwei Faktoren ab: Im Jahr 1965 wurde in der Hauptstadt Apia ein Grundstück für die Errichtung eines «Hauses der Andacht» erworben. Dieser Kultbau wurde 1984 fertiggestellt und bringt das Anliegen der Baha'i-Religion, kulturelle Besonderheiten lokaler Bevölkerungsgruppen zu bewahren, dadurch zum Ausdruck, dass dieses «Haus der Andacht» sich in der Architektur eng an der traditionellen Bauweise der südpazifischen Inselwelt orientiert. Das Gebäude ist – dem tropischen Klima angemessen – durch Öffnungen in den Seitenwänden und in dem kuppelförmigen Dach charakterisiert, um dadurch den ganzen Raum von Licht und Luftzirkulation durchfluten zu lassen. Die Säulen und Wände sind mit traditioneller Holzschnitzerei und Ornamentik geschmückt. Dadurch bringt das «Maota Tapua'i Baha'i Samoa», wie der offizielle Name lautet, das Baha'i-Konzept, lokale Traditionen in der Religion zu bewahren, gelungen zum Ausdruck. Gleichzeitig wird Samoa aufgrund des Hauses der Andacht auch zu einem geographischen Fokussierungspunkt für die Baha'i-Gemeinden im pazifischen Raum. – Der andere Faktor, der Samoa eine besondere Stellung in der Baha'i-Welt gibt, ist die Tatsache, dass König Malietoa Tanumafili, der sich im Jahr 1973 der Baha'i-Religion angeschlossen hatte, bislang das einzige Staatsoberhaupt weltweit war, das dieser Religion angehörte. Die Verwandtschaftsbeziehungen zwischen dem Königshaus und anderen lokalen Herrschern im südpazifischen Raum, z. B. auf den Inseln Tonga, Fiji oder Nauru, tragen dazu bei, dass die Religion in den Oberschichten und traditionellen Führungseliten dieses Raumes ein Ansehen genießt, das deutlich höher ist, als der prozentuelle Anteil von Baha'i an der jeweiligen Bevölkerung erwarten ließe.

dieser Prozentwert inzwischen so niedrig ist, hängt allerdings auch damit zusammen, dass sich die Verbreitung der Baha'i-Religion in den letzten vier Jahrzehnten entscheidend verlagert hat. Vor allem Indien und Afrika südlich der Sahara weisen große Zuwachsraten auf, aber auch Südamerika. In Mitteleuropa und Nordamerika wächst die Religion dagegen vergleichsweise langsam. Dies gilt auch für Deutschland, wo lediglich etwa 6000 Personen dieser Religion angehören.

Hinduismus

Obwohl es sehr verbreitet ist, vom «Hinduismus» als Religion Indiens zu sprechen, bezeichnet dieser Begriff weniger eine Religion als eine Kultur, in deren Kontext zahlreiche eigenständige Religionen nebeneinander und einander überlappend existieren und sich gegenseitig beeinflussen. Seit dem 18. Jahrhundert wurden solche Religionen unter dem Sammelbegriff Hinduismus zusammengefasst, zunächst aus der Perspektive christlicher Missionare im Unterschied zum Islam und Christentum. Durch die britische Kolonialverwaltung bekam der Begriff auch eine (religions-)politische Nuance, da Hindus und Muslime in Indien bezüglich der politischen Mitwirkungsrechte proportional behandelt wurden. Um mit Angehörigen der beiden großen «fremden» Religionen auf gleicher Augenhöhe zu sein, begannen Hindu-Denker des 19. und frühen 20. Jahrhunderts die Vorstellung zu propagieren, dass der Hinduismus «ewig» und deshalb den anderen Religionen überlegen sei; außerdem könne er für alle Menschen gültig sein. Das zentrale Symbol, die Silbe *aum* (*om*), deren drei Buchstaben als Ausdruck der Schöpfung, Erhaltung und Zerstörung oder der drei Gottheiten Brahma, Vishnu und Shiva angesehen werden, will ebenfalls die Universalität des «ewigen» Hinduismus ausdrücken.

1. Die Rishis und die Veden

Der Hinduismus kennt keine Einzelperson, auf die der Ursprung der religiösen Tradition zurückgeführt werden könnte und die den Status eines Religionsstifters erlangt hätte. Allerdings gibt es «Offenbarer» einer längst vergangenen Urzeit, die so genannten Rishis. Sie sind visionäre Verfasser der vedischen

Literatur, die in ihrem Herz «gehört» haben, was die Götter offenbarten. Damit werden die Rishis zu fiktiven Ahnen der großen Priesterfamilien in der vedischen Tradition und «priesterliche Seher». Unterschiedliche Traditionslisten nennen verschiedene Rishis (z. B. Agastya Bhrigu, Vashishtha, Markandeya), aber keiner der Genannten kann als die einzige oder normative Identitätsfigur für den Beginn des Hinduismus gelten.

Die gehörte Offenbarung (*shruti*) als vedisches Schrifttum ist für viele Hindus eine Bezugsgröße, die auch die Abgrenzung zu Nicht-Hinduistischem innerhalb der indischen Religionsgeschichte, z. B. zum Buddhismus, ermöglicht. Somit könnte man sagen, dass der Hinduismus zwar keine Gestalt eines Religionsstifters kennt, dass aber die «idealisierten» Veden in gewisser Weise ein Band sind, das «alle» Hindus zusammenhält.

In klassischer Auffassung kann man die vedischen Hymnensammlungen, frühen Ritualtexte und Opferkommentare (*Brahmanas*) sowie die *Upanishaden* zum vedischen Schrifttum zählen, das als *shruti* bezeichnet wird. Eine traditionelle Einteilung bezeichnet weitere Texte als *smriti* («Erinnertes»), d. h. von menschlichen Autoren verfasst. Zu *smriti* werden besonders jene Texte gezählt, die sich auf Opfer (*Shrautasutra*), auf das häusliche Ritual (*Grihyasutra*) und auf Recht und Sitte (*Dharmasutra*) beziehen. Häufig werden aber auch die großen Werke der epischen Überlieferung, wie z. B. das *Mahabharata* mit der *Bhagavadgita*, das *Ramayana* oder die *Puranen*, zur *smriti*-Literatur gezählt. Diese Literatur ist in dem langen Zeitraum vom Beginn des 1. Jahrtausends v. Chr. bis zum Ende des 1. Jahrtausends n. Chr. entstanden. Die Teilung zwischen *shruti* und *smriti* ist zwar ein gängiges Klassifikationsmodell, doch fassen gläubige Hindus all diese Texte zuweilen unter dem Begriff «vedische Literatur» zusammen.

Rishis und vedische Literatur werden somit zu einem «Ausgangspunkt» des Hinduismus. Moderne indische Sprachen verwenden gelegentlich den Begriff *vaidik dharma* (Religion/Lehren des Veda) als eine Selbstbezeichnung für Hinduismus. Eine andere in der jüngeren Zeit beliebte Selbstbezeichnung ist *sanatanadharma* (ewige Religion/Lehren). Damit ist ein Doppeltes ausgedrückt: Die Religion geht auf keinen menschlichen Ursprung zurück, ist aber als «ewig» für alle Menschen gültig, so dass die Vorstellung vom *sanatanadharma* die Universalisierung des Hinduismus ermöglicht.

2. Historische Entwicklungen

a) Der Wandel in der vedischen Religion: Vor dem eben skizzierten Hintergrund ist ein «Lehrsystem» des Hinduismus nur bedingt zu beschreiben, da die «Veden» zwar eine weitgehend akzeptable nominelle Basis sind, allerdings der chronologischen und geographischen Interpretation offen standen. Die Anfänge der vedischen Religion reichen bis ins 2. Jahrtausend v. Chr. zurück und sind wohl mit der Einwanderung arischer Gruppen in das Indusschwemmland und dann weiter entlang der Gangesebene zu verbinden. Das Pantheon dieser Religion – zu nennen sind z. B. Indra, Varuna, Agni oder die Adityas – wird durch Hymnen und Darbringung tierischer und pflanzlicher Opfer verehrt. Diese Opfer dienen der Stärkung der Götter und der Erhaltung des Kosmos. Auch die Versorgung der Ahnen im Jenseits, das weitgehend dem Diesseits entsprechend gedacht wurde, ist ein markanter Zug der vedischen Religion. Zugleich hat die frühe vedische Religion manche Vorstellungen, die als zentral für den Hinduismus gelten, noch nicht gekannt. Denn erst im 7. Jahrhundert v. Chr. wurden in den Upanishaden zwei neue Lehren formuliert, nämlich die Lehre von Brahman und Atman und die Lehre von Karma und Wiedergeburt.

Das Wissen (*jnana*) von der Einheit von Atman und Brahman wird hier zum Erlösungsweg. Der Atman (das Selbst) ist jene geistige Komponente des Menschen, die mit dem Brahman, dem höchsten abstrakten Einen, vereinigt werden soll. Meditation und Versenkung ermöglichen diese Vereinigung. Daraus entsteht eine philosophische Mystik, die in der Erkenntnis besteht, dass Atman und Brahman vereinigt werden müssen, um jeden Dualismus zu überwinden, und zugleich in der Erkenntnis, dass Atman und Brahman letztlich eins sind. Die Erfahrung der abstrakten Einheit von Atman und Brahman wird in Bildern veran-

Tafel 19: Ausgewählte Texte zum Hinduismus

a) Brihadaranyaka-Upanishad 6,2 (zitiert nach E. Frauwallner: Nachgelassene Werke II. Philosophische Texte des Hinduismus, Wien 1992, 35 f.).

«Diejenigen nun, welche solches wissen, und jene, die im Walde den Glauben als Wahrheit verehren, gehen in die Flamme ein, aus der Flamme in den Tag, aus dem Tag in die zunehmende Mondhälfte, aus der zunehmenden Mondhälfte in das Halbjahr, in dem die Sonne nordwärts geht, aus dem Halbjahr in die Götterwelt, aus der Götterwelt in die Sonne, aus der Sonne in das Blitzfeuer. Aus dem Blitzfeuer kommt ein geistiger Mann und bringt sie in die Brahma-Welten. In diesen Brahma-Welten wohnen sie bis in die weitesten Fernen. Für sie gibt es keine Wiederkehr. Diejenigen hingegen, welche sich durch Opfer, Freigebigkeit und Askese Welten erwerben, gehen in den Rauch ein, aus dem Rauch in die Nacht, aus der Nacht in die abnehmende Mondhälfte [...]. Wenn das für sie vorüber ist, dann gehen sie in den Äther ein, aus dem Äther in den Wind, aus dem Wind in den Regen, aus dem Regen in die Erde. Wenn sie zur Erde gelangt sind, werden sie zur Speise, werden wieder im Mannfeuer geopfert, dann im Weibfeuer geboren und erstehen wieder in den Welten. So bewegen sie sich im Kreise.»

b) Bhagavadgita 4,5–8 (zitiert nach P. Schreiner: Bhagavad-Gita. Wege und Weisungen, Zürich 1991, 72).

«Krishna sagte: Viele Geburten von mir sind schon vergangen, und auch von dir, oh Arjuna. Ich weiß um sie alle, du kennst sie nicht. [...] Obwohl ich, als wesenhaft unveränderlich, ungeboren bin, obwohl ich der Herr der Wesen bin, entstehe ich durch meine Machenskraft, indem ich über die Stoffnatur verfüge als mir eigen. Immer wenn ein Niedergang der Ordnung eintritt [...] und Zuwachs an Ordnungslosigkeit, dann erschaffe ich mich selbst. Um die Guten zu erretten und um die Übeltäter zu vernichten, um also die Ordnung wieder aufzurichten, entstehe ich in den verschiedenen Zeitaltern.»

c) Stele des Königs Harivarman I. (datiert 1081; übersetzt nach K. H. Golzio [Hg.]: Inscriptions of Campa, Aachen 2004, 138 f.).

«Er, der Beschützer der Campa, war in allen Lehren hervorragend wie Brihaspati, im Kampf heldenhaft wie Madhava, an Schönheit gleich wie Kama, Indra ähnlich in der Art der zahlreichen durchgeführten Opfer, an Erkenntnis zu vergleichen mit Shambu, in mehreren Schöpfungen kundig wie der Lotosgeborene (Brahma), hervorragend im Hinblick auf angenehme Rede, unvergleichbar seine Charaktervorzüge.»

schaulicht, so etwa im Bild vom Salz: Das Salz, das sich im Wasser aufgelöst hat, ist zwar nicht mehr isoliert feststellbar, aber im Wasser dennoch vorhanden. Damit wird in den Upanishaden der Atman verglichen, der im Körper vorhanden ist, nicht sichtbar wird, aber dennoch das Wesentliche ist. Darauf bezieht sich ursprünglich der berühmte Satz *tat tvam asi* «das bist du»: Obwohl das im Wasser aufgelöste Salz und der Atman nicht für sich greifbar werden, soll der Weise erkennen, dass das Salz für das Wasser die entscheidende Komponente ausmacht, wie auch der Atman für den Menschen das Wesentliche ist. Und wie das Salz mit dem Wasser eine untrennbare Einheit bildet, so sollte der Weise nach der Einheit seines Atman mit dem Brahman streben. Spätere Upanishaden und vor allem der südindische Philosoph Shankara (8. Jahrhundert n. Chr.) mit der Lehre des advaitischen (nichtdualistischen) Vedanta haben schließlich überhaupt die Gleichsetzung von Atman und Brahman vollzogen. Auch andere Philosophen wie Ramanuja (1077–1157) oder Madhva (ca. 1197–1276) entwickeln ihre Philosophie ausgehend von Spekulationen über das Verhältnis von Atman und Brahman.

Damit verbunden ist auch die Vorstellung von Karma und Wiedergeburt. Frühe Überlegungen setzen bei der Beobachtung des Leichenfeuers ein (*Tafel 19a*): Die Seele gelangt durch die helle Flamme des Leichenfeuers zum Himmel Brahmans, wo sie ewig ohne Wiedergeburt verweilt. Steigt sie jedoch im Rauch des Leichenfeuers zum Mond auf, so gelangt sie im Regen auf die Erde zurück, wird zur (pflanzlichen) Nahrung und schließlich über den Zeugungsakt wiederum in einem menschlichen Körper manifest. Während diese frühen Deutungen vom Begräbnisritual abhängig sind, verbindet in den Upanishaden der Weise Yajnavalkya die Art der Wiedergeburt mit den Werken des Toten. Denn: gut wird man durch Gutes, schlecht durch Schlechtes. Diese älteste explizite Karma-Vorstellung bildet somit einen kausalen Zusammenhang zwischen jedem Tun und der Wiedergeburt. Zur Verdeutlichung dieses Gedankens dienen wiederum Bilder: Wie eine Weberin ein Gewebe auftrennt und wieder neu macht, so gestaltet der Atman immer neue Körper. Aber auch die Begierde des Menschen ist eine Triebkraft, die den Kreislauf der Wiedergeburten aufrechterhält, so dass man – um Erlösung zu erreichen – diese Begierde überwinden muss, damit kein neues Karma mehr angesammelt wird.

b) Theistische Religionen des klassischen Hinduismus: Für das Streben des Einzelnen, aus dem Kreislauf der Wiedergeburt auszubrechen, hat mit der Lehre der Einheit von Atman und Brahman eine neue Thematik in diese Religion Eingang gefunden, die für die Weiterentwicklung des Hinduismus ein – wenngleich immer wieder interpretatorisch modifiziertes – Grundmuster geblieben ist. In dieser Situation entstand im späten 5. Jahrhundert v. Chr. der Buddhismus, und Reformströmungen und asketische Tendenzen bestanden nebeneinander. Die vedischen Götter wurden – teilweise durch die geographische Verbreitung hinduistischen Gedankenguts außerhalb der Gangesebene zunächst bis in die Mitte des indischen Subkontinents – in den Hintergrund gedrängt oder lebten unter neuen Namen weiter.

Die Zeit zwischen 200 v. Chr. und 1100 n. Chr. ist die des klassischen Hinduismus, in der ein Teil der (jüngeren) *smriti*-Literatur entstand, in der sich aber auch jene Richtungen zu etablieren begannen, die an die Spitze jeweils eine – teilweise latent monotheistisch gedachte – Gottheit rückten. Diese Gottheit (v. a. Vishnu, Shiva und Shakti) wird auch als Erscheinung des höchsten Brahman gesehen. Wenn der Gläubige die Gemeinschaft mit dieser Gottheit sucht, strebt er zugleich nach der Vereinigung von Atman und Brahman. Entsprechend den drei eben genannten Gottheiten kennt der klassische Hinduismus auch drei wichtige (mono)theistische Ausprägungen.

Der Vishnuismus erhält seinen Namen vom vedischen Gott Vishnu, der von Zeit zu Zeit ins Weltgeschehen eingreift, indem er sich inkarniert. Die Lehre von solchen Inkarnationen oder *avatara*s wird zu einem Hauptmerkmal des Vishnuismus (*Tafel 19b*). Traditionell ist von zehn klassischen Avataras Vishnus die Rede; der berühmteste ist zweifellos Krishna. Die Krishna-Verehrung war ursprünglich ein vom Vishnuismus unabhängiger, in Nordindien beheimateter Heldenkult, der bereits zwischen dem 6. und 2. Jahrhundert v. Chr. große Bedeutung erlangt hatte. Erst seine Integration in den Vishnuismus trug wesentlich zur Verbreitung des Letzteren über ganz Indien bei. Rama, ein weiterer Avatara Vishnus, gilt nach dem Ramayana als der ideale Herrscher, der von Vertretern des politischen Hinduismus auch als Idealfigur für politische Interessen überhaupt gesehen wird; genauso gilt seine Frau Sita bis zur Gegenwart in traditionellen Hindukreisen als Idealbild der Ehefrau. – Als theistische Volksreligion bietet der Vishnuismus auch Frauen und Shudras (Angehörigen der untersten Kaste) einen Zugang zum Heil durch die Gnade Gottes. Liebe (*bhakti*) und selbstlose Hingabe (*prapatti*) an die Gottheit sind – neben der Avatara-Lehre – wohl jene Aspekte, die nicht nur die Volkstümlichkeit, sondern auch die Bedeutung des Vishnuismus bis heute nachhaltig prägen.

Der Shivaismus als zweite große theistische Strömung hat wie der Vishnuismus bis heute nichts von seiner Bedeutung eingebüßt. Shiva ist der «Freundliche» – mit diesem euphemistischen Epitheton wollte man den gefährlichen vedischen Gott Rudra besänftigen –, und er trägt alle Gegensätze und Spannungen der Welt in sich: Er gilt als großer Yogi, der die Macht hat, die Welt und die Dämonen zu zerstören, der aber auch Segen und Leben gibt. Genauso kann er der zerstörerische Krieger oder der Herr der Fruchtbarkeit sein. Sein Phallus, das *lingam*, ist jenes Kultsymbol, das – gemeinsam mit dem weiblichen Schoß, der *yoni* – am häufigsten Zentrum der Verehrung ist. Die Vereinigung von *lingam* und *yoni* ist jedoch nicht mehr Symbol von Erotik oder Sexualität, sondern wird in erster Linie als irdisches Abbild der kosmischen Einheit gesehen. Deshalb wurde der Aspekt der Fruchtbarkeit im Laufe der Zeit immer mehr von Shiva abgekoppelt und auf sein Reittier, den Stier Nandin, übertragen. Aber auch der zerstörerische und Schrecken erregende Aspekt des Gottes wird in jenem Licht gesehen, das mit der Karma-Lehre und den Versuchen, den Kreislauf der Wiederverkörperung zu unterbrechen, vereinbar ist. Shiva als ein mit Asche beschmierter und mit Totenschädeln behangener Asket wird zum Ausdruck dessen, was Erlösung bedeutet: Der todbringende Shiva ist es, der die Welt des Scheins (und der Dualität) vernichtet, um so dem Individuum Befreiung aus dem Kreislauf der Geburten zu ermöglichen. Shivas Söhne, der elefantenköpfige Gott Ganesha und Skandha (bzw. Murugan in Südindien), erfreuen sich ebenfalls großer Beliebtheit in der alltäglichen Religion.

Shivas Energie, seine *shakti*, manifestiert sich friedlich in Form seiner Gemahlin Parvati und kriegerisch-zerstörerisch in Form seiner Gemahlin Durga. Aus der Verselbstständigung der *shakti* ist in der indischen Religionsgeschichte mit dem so genannten Shaktismus eine weitere eigenständige Religion entstanden, die zwischen dem 5. und dem 7. Jahrhundert in ihrer vollen Form ausgebildet wurde. Darin wird alles göttliche Wirken auf die weibliche Potenz Gottes zurückgeführt. In der Gestalt Durgas finden alte regionale Muttergottheiten wieder ihre ursprüngliche Selbstständigkeit und Aktivität, die göttliche Herrin bringt ihren Gläubigen Erkenntnis und Erlösung, wobei in der Ritualistik des Shaktismus zugleich gesellschaftliche Schranken bewusst überschritten wurden. Dass man sich über alle «Normen» erhaben fühlt, ist ein legitimer Ausdruck der Überzeugung, dass der Shakti-Verehrer und Tantriker durch die Erkenntnis der Gottheit bereits erlöst ist, so dass sein Selbst/Atman von der Welt (und ihrem Schein) nicht mehr befleckt werden kann. Im Unterschied zu Vishnuismus und Shivaismus, die praktisch über ganz Indien verbreitet sind, bleibt der Shaktismus wesentlich stärker regional beschränkt; Zentren waren und sind Assam, Bengalen und Orissa im Osten sowie Kaschmir und Gujarat im Norden bzw. Westen.

Die Zeit des klassischen Hinduismus war zugleich jene Phase, in der der Hinduismus zwischen 70 und 500 n. Chr. über den indischen Subkontinent entlang der großen Handelsrouten bis nach Südostasien und Indonesien verbreitet wurde, woraus die «Indisierung» Südostasiens resultierte. Das erste dieser Reiche ist Funan (im heutigen Kambodscha), etwa im 7. Jahrhundert ist die erste Blüte des Hindu-Königreiches Champa (Mittelvietnam) feststellbar (*Tafel 19c*), seit ca. 732 kann man für die so genannte zentraljawanische Periode in Indonesien von einer religiösen Dominanz Shivas sprechen, ehe sich im ersten Drittel des 10. Jahrhunderts das Gewicht nach Ostjawa und Bali verlagerte. Seit dem 9. Jahrhundert gewann das Reich von Angkor

(Kambodscha) eine überregionale Bedeutung. Gesellschaftlich prägend war der *devaraja*-Kult, d.h. der König galt als Herabkunft eines Hindu-Gottes (meist Shiva). Diese Hindu-Königreiche in Südostasien erlebten im 12./13. Jahrhundert ihre letzte Blüte, ehe sie in der Mitte des 2. Jahrtausends, teilweise aufgrund des Überhandnehmens des Theravada-Buddhismus, teilweise durch die Ausbreitung des Islam, in diesem Raum verschwanden.

In Indien selbst entwickelten sich die großen Richtungen während des 2. Jahrtausends lokal weiter. Für die Zeit seit etwa 1100 ist mit dem Aufkommen der volkssprachlichen religiösen Literatur und Heiligenverehrung vom so genannten «Sektenhinduismus» die Rede. Parallel dazu begann der Islam in Indien Fuß zu fassen, und zu Beginn des 16. Jahrhunderts entstand in Nordwestindien der Sikhismus, eine Religion, die ursprüngliche mystische Strömungen der Verehrung einer nicht personal gedachten Gottheit mit lokalen Hindu-Richtungen teilte und auch vom transzendenten Gottesbild des Islam beeinflusst war. Aber schon dem Begründer des Sikhismus, Guru Nanak (1469–1539), wird in den Mund gelegt, dass sein religiöser Weg weder Hinduismus noch Islam sein will.

c) Moderner Hinduismus: Spätestens seit der muslimisch ausgerichteten Moghulherrschaft (1555–1858) und der Mitte des 18. Jahrhunderts einsetzenden britischen Kolonialverwaltung fühlten sich Hindus zumindest in politischer Hinsicht als «Fremdkörper» in Indien. Im 19. Jahrhundert setzte jedoch ein «Umdenken» ein, denn Inder, die Karriere als Lehrer, Anwälte oder Beamte in der Kolonialverwaltung machen wollten, strebten nach englischer Bildung. Ferner verhalfen ihnen in den beiden letzten Jahrzehnten des 19. Jahrhunderts europäische Indologen zu einem neuen Selbstverständnis und zur Wertschätzung der eigenen Tradition; dies führte einerseits zu neuen religiösen Impulsen, andererseits auch zur Entstehung des indischen Nationalismus, für den die Hindu-Tradition das einigende Band darstellen sollte.

Das erste Jahrhundert des «modernen Hinduismus» war zu-

Tafel 20: Zeittafel zum Hinduismus

1750–1200 v. Chr.	Einwanderung der Arier in den Panjab; frühe Periode der vedischen Religion
um 1000	Abschluss des Rigveda
1. Hälfte 1. Jt.	Ausbreitung der Arier entlang des Ganges über Nordindien; Entstehung der älteren Brahmana-Texte
8./7. Jh.	Erste Upanishaden
seit 6. Jh.	Asketische Reformbewegungen und Umbruch mit Aufkommen des Jainismus (5. Jh.) und Buddhismus (5. Jh.)
268–233	Förderung des Buddhismus durch König Ashoka
3. Jh. v. Chr.	Entstehung der ältesten Teile der Epen Mahabharata und Ramayana (Abschluss etwa im 3. Jh. n. Chr.)
seit 200 v. Chr.	Klassischer Hinduismus (bis 1100 n. Chr.) mit einzelnen Hindu-Religionen wie Vishnuismus, Shivaismus und Shaktismus
2./3. Jh. n. Chr.	Patanjali, Entstehung des Yogasutra
320–500	Blüte des Hinduismus während der nordindischen Gupta-Dynastie
8. Jh.	Wirken von Shankara als Begründer des advaitischen Vedanta
8./9. Jh.	Agama-Texte des Shivaismus
ca. 9. Jh.	Abschluss der wichtigsten Puranentexte (z. B. Bhagavata-Purana über die Jugend des Gottes Krishna)
seit 11. Jh.	Verbreitung des Islam über größere Gebiete Nordindiens
1077–1157	Ramanuja, Vertreter des «qualifizierten Advaita» (Monismus)
1197–1276	Madhva, Hauptvertreter des dualistischen Vedanta
1469–1539	Guru Nanak, Begründer des Sikhismus
1486–1533	Caitanya, mystischer Wiederentdecker des traditionellen Geburtsortes von Krishna und Förderer der Bhakti-Frömmigkeit
1555	Gründung des islamischen Großreichs unter dem Moghulherrscher Akbar
1758	Beginn der englischen Kolonialherrschaft über Indien
19. Jh.	Beginn der neuzeitlichen Verbreitung außerhalb Indiens durch Arbeitsmigration
19./20. Jh.	Neohinduistische Reformbewegungen und Missionstätigkeit außerhalb des indischen Kulturraumes
1869–1948	Mahatma Mohandas Gandhi
1947	Gründung des unabhängigen, säkularen Staates Indien
seit 80er Jahren des 20. Jh.	Hindu-nationalistische und fundamentalistische Strömungen (Hindutva-Bewegung)
seit 2000	Zunahme von Übergriffen auf Muslime und Christen

nächst von einem ethischen Reformhinduismus geprägt, bei dem es unter christlichem Einfluss zur Beseitigung mancher Missstände und Auswüchse der indischen Religionsgeschichte kam, z. B. der Witwenverbrennung, Kinderheirat oder des Kastenwesens. Einer der frühen Reformer war Ram Mohan Roy (1772–1833), der Begründer des Brahma Samaj. Dayanand Sarasvati (1824–1883) gründete den Arya Samaj als Vereinigung, die sich auf die Auslegung der vedischen Überlieferung stützte, um daraus neue Impulse für das Wiedererstarken Indiens zu gewinnen. Weitere bedeutende Reformer waren der Mystiker Ramakrishna (1836–1886) und sein wichtigster Schüler, Swami Vivekananda (1863–1902); letzterer begründete die Ramakrishna-Mission. Der bis etwa 1914 in der indischen Unabhängigkeitsbewegung engagierte Sri Aurobindo (1872–1950) entwickelte nach seinem Rückzug aus der Politik einen neuen Yogaweg im so genannten Integralen Yoga. Obwohl er nicht primär «Reformer des Hinduismus» war, hat Mahatma Gandhi (1869–1948) in seinem Eintreten für die indische Unabhängigkeit entscheidende Impulse aus der Bhagavadgita erhalten und indirekt auch Impulse für eine Interpretation des Hinduismus als gewaltlose und tolerante Religion gegeben, die das Bild des Hinduismus auch in Europa prägen.

All diese unterschiedlichen Ansätze bleiben jedoch in ihrer Wirkung beschränkt, da eine übergeordnete Zentralinstanz dem Hinduismus fremd ist. Soweit sich diese modernen bzw. neo-hinduistischen Strömungen auf den vedantischen Advaita stützten, trugen sie, indem sie auf das Konzept des *sanatanadharma* zurückgriffen, wesentlich dazu bei, den Hinduismus als Weltreligion außerhalb des indischen Kulturraums zu verkünden. Der erste Vertreter eines Missionsgedankens war Swami Vivekananda. Auch Sri Aurobindos «Integraler Yoga» fand Anhänger außerhalb des indischen Kulturraumes. Genauso begannen traditionsverhaftete Vertreter der bengalischen Krishna-Verehrung bereits in den 20er Jahren des 20. Jahrhunderts in Großbritannien die Liebe zu ihrem Gott Krishna als einen allen Menschen zugänglichen Weg zur Befreiung aus dem Kreislauf der Wiedergeburt zu verkünden. Weitere aktiv missionierende

Verkünder indischer Religiosität fanden ab den 60er Jahren des 20. Jahrhunderts ihre Anhänger sowohl in Europa als auch in Amerika, z. B. Swami Prabhupada seit der zweiten Hälfte der 60er Jahre als Vertreter der bengalischen Krishna-Verehrung, die Angehörigen der Brahma Kumaris («Töchter Brahmas») als Vertreterinnen einer asketischen Reformbewegung oder Sathya Sai Baba, der sich selbst als Avatara für die Gegenwart sieht.

3. Praxis und Lebensgestaltung

a) Dharma und gesellschaftliche Pflichten: Der Begriff Dharma ist nicht ausschließlich auf den rituellen Bereich beschränkt, sondern umschreibt ebenso soziale Normen. Neben dem «ewigen/unvergänglichen Dharma» (*sanatanadharma*), unter dem man allgemein gültige menschliche Gebote und Verbote, beispielsweise Wahrhaftigkeit, Ehrfurcht vor Göttern oder Respektspersonen, aber auch Verbote von Gewalt, Diebstahl oder Ehebruch versteht, gibt es den *svadharma* (Eigendharma) oder *varnashramadharma*, den Dharma, der durch die Lebensstadien und Kastenordnung bestimmt wird. Konkret heißt dies, dass der Dharma für das Individuum zwar die Grundlage der Verhaltensmaßstäbe ist, aber zugleich entsprechend der Einordnung des Individuums in den gesellschaftlichen Rahmen des Kastensystems variiert: Der Dharma liegt für den Brahmanen daher idealtypisch im Studium und in der Lehre der Veden sowie in der Durchführung entsprechender Riten. Der zentrale Dharma für den Kshatriya (Krieger, Herrscher) besteht im Herrschen und Kämpfen, aber auch im Beschützen der Schwachen. Der Dharma des Vaishya (Ackerbauer, Handwerker) ist die Sorge um den Ackerboden, während der Dharma des Shudra (Diener) im Dienen besteht. Genauso schreibt der *svadharma* geschlechtsspezifische Rollen zu, d. h. die Unterordnung der Frau oder ihr weitgehender religiöser Ausschluss werden durch den *stridharma* («Dharma der Frau») festgelegt.

Dharmagemäßes Handeln ist immer mit der jeweiligen Lebenssituation verbunden, die durch die *jati* («Geburtsklasse») bestimmt ist. Diese Geburtsklasse bestimmt traditionell konkrete Berufe, Speisegesetze oder Ehevorschriften. Idealtypisch sind diese Gruppen in den vier Kasten (*varnas*) kategorisiert. Aber Dharma hat immer auch eine religiöse Seite, weil Dharma in einer direkten Beziehung zu *moksha*, zum religiösen Heil, steht. Daher ist das ganze Leben eines Hindu vom Dharma geprägt, wobei eine Reihe von so genannten Sakramenten (*samskara*) die entscheidenden Lebensphasen als Übergänge markieren. Als Initiationsritus eines Jungen war die Übergabe der heiligen Schnur (*upanayana*) früher jener Ritus, mit dem der Bildungsgang einsetzte. Mit dem modernen Schulwesen sowie professioneller Berufsausbildung ist dieser *samskara* in den Hintergrund getreten. Wichtig bleiben aber von den Sakramenten das Ritual der Namengebung, die weitgehend religiös bestimmte Eheschließung sowie die umfangreichen Totenriten, die den gefährlichen Übergang in das jenseitige Leben sichern sollen; die Toten werden verbrannt, um die Asche dann möglichst an Wallfahrtsorten in heilige Flüsse (z. B. Yamuna, Ganges, Kaveri) zu streuen. Die Durchführung solcher Riten ist bis in die Gegenwart Aufgabe der Brahmanen als Ritualspezialisten.

b) Yoga als Meditationstechnik: Das Wort «Yoga» wird vom Verbum *yuj* (unters Joch nehmen) hergeleitet. Die (landwirtschaftliche) Metapher des Anschirrens ermöglicht, diesen Begriff aus dem profanen in den philosophischen und religiösen Bereich zu übertragen. «Yoga» soll die Verbindung des Individuums mit einem höchsten Wesen herstellen. Bereits in der ersten Hälfte des 1. Jahrtausends war Yoga die Anleitung für ein körperliches Verhalten, das das innere Bemühen um Erlösung aus dem Kreislauf der Wiedergeburten unterstützen sollte. Auch die Bhagavadgita beschreibt solche Techniken, z. B. eine bestimmte Körperhaltung oder Sitzposition sowie Atemvorschriften. Patanjali (2./3. Jahrhundert n. Chr.) legt in seinem *Yogasutra* eine systematische Darstellung der Yogatechnik vor, in der Askese, eigenes Studium (der heiligen Schriften) und Hingabe an Gott eine Voraussetzung sind, um durch Yoga zur Versenkung (*samadhi*) zu gelangen. Daneben gibt es in unterschiedlichen Hindu-Richtungen weitere Yogas wie z. B. Hatha-Yoga,

Karma-Yoga, Raja-Yoga oder Kundalini-Yoga. Wer aber keinen dharmagemäßen Lebenswandel entsprechend der «äußeren» und «inneren» Disziplin führt, der kann durch das Praktizieren von Yogatechniken allein nicht die Versenkung des Atman im Brahman erreichen.

c) Bhakti als Frömmigkeitsform: Wörtlich bezeichnet Bhakti die «Teilhabe» des Menschen an Gott und die Teilhabe Gottes an den Menschen, d. h. sie ist die auf Gegenseitigkeit beruhende Liebe zwischen Gott und den Menschen. Bhakti ist in allen Richtungen des Hinduismus grundsätzlich möglich und auch geeignet, soziale Begrenzungen und Erwartungen, die durch den Dharma bestimmt werden, zu lockern oder zu überwinden. Seit dem 6./7. Jahrhundert strebte zunächst besonders der Shivaismus in Südindien einen eigenen Weg an, der einerseits gegen die Ritualisierung durch Opfer gerichtet war, was auch bewusste Verstöße gegen dharmagemäße Normen beinhaltete, so dass hier der Genuss von Alkohol und Sexualität in die Frömmigkeitspraxis einbezogen wurde; letzteres wurde als Vereinigung mit Shivas Shakti gesehen. Zugleich wurde dieses Verhalten mit der völligen Hingabe (*bhakti*) an Shiva verknüpft, so dass alle anderen Formen der Bindung sekundär wurden. Aber auch vishnuitische Dichter in Südindien, die so genannten Alvars (7.–9. Jahrhundert), sowie das nordindische *Bhagavata-Purana* (9. Jahrhundert) mit dem Legendenschatz über die Jugend des Gottes Krishna trugen zur Popularisierung dieser Frömmigkeitsform innerhalb der hinduistischen Volksreligiosität wesentlich bei. Die im Purana beschriebene Liebe zwischen den Hirtinnen und Krishna drückt auch für Frauen die erfahrbare Einheit mit dem Göttlichen aus, so dass die Bhakti-Frömmigkeit auch von Dichterinnen wie Andal (9. Jahrhundert) oder Mirabai (16. Jahrhundert) weitergetragen wurde. Für die heutige Bhakti-Frömmigkeit und -Praxis ist auch die Rolle des Bengalen Sri Caitanya (16. Jahrhundert) bedeutsam, dem es gelungen ist, die emotionale Hingabe an Krishna durch Tanz (*kirtana*) und Gesang (*bhajana*) zu einer zentralen Praxis der Volksfrömmigkeit zu machen.

3. Praxis und Lebensgestaltung

d) Rituale und Tempelfeste: Der Hinduismus hat kein einheitliches Ritual, da die kultischen Praktiken entsprechend der jeweiligen sozialreligiösen Schicht sowie theologischen Ausrichtung stark variieren, doch lassen sich einige übergeordnete Aspekte erkennen: Der kultische Kalender ist von den Mondphasen abhängig. Dabei wird zwischen der hellen Monatshälfte von Neumond bis Vollmond und der dunklen Monatshälfte unterschieden. Die Wahl der richtigen Zeit für kultische Handlungen ist für die häuslichen Opfer, den Tempelkult und die großen Feste von Bedeutung. Zu den bekanntesten – und weitgehend auch überregional gefeierten – Hindufesten gehören die Nacht Shivas im Februar, das farbenfrohe Frühlingsfest Holi, der Geburtstag Krishnas im August, das Dasserah-Fest für Durga im Oktober sowie das Lichterfest Divali im November.

Neben großen Opfern (*yajna*), die seit der vedischen Zeit durchgeführt werden, sind Riten der Verehrung (*puja*) von Götterbildern und -symbolen und des (göttlichen) Lehrers (*guru*) in der alltäglichen religiösen Praxis wichtig. In der *puja* wird das Verehrungsobjekt häufig gereinigt, bekleidet, durch Feuerschwenken, Blumen oder Aromata verehrt und durch Darbringen von Früchten gestärkt, wobei der Gläubige mit dem Göttlichen in Blickkontakt (*darshana*) tritt. Einen Teil der Opfergaben erhält der Opfernde als geheiligte Gegengabe (*prasada*) zurück. In einfacher Form wird diese *puja* vor dem Hausaltar morgens und abends durchgeführt, aber sie ist auch Strukturelement der Verehrung der Götter in den Tempeln, wo sie von Ritualspezialisten (mehrheitlich traditionell dem Brahmanenstand zugehörig) zelebriert wird. Zum Tempelritual gehören auch Tempelmusik und teilweise Tanz. Für den Gläubigen ist das Umschreiten des Hauptschreins im Uhrzeigersinn eine wichtige Handlung bei einem Tempelbesuch, so dass Hindu-Tempel dem architektonisch durch die Anlage von Tempelhöfen Rechnung tragen. Verpflichtend ist die Teilnahme am Tempelritual nicht, da allerdings der Tempel als «Übergang» (*tirtha*) zwischen der irdischen und transzendenten Welt gilt, ist der Tempelbesuch hilfreich für das Heilsstreben. Andere solche Orte des Übergangs sind Wallfahrtsorte; berühmte Beispiele sind Varanasi für den Gott Shiva, Vrindavan als Ort, an dem Krishna seine Jugend verbracht hat, Ayodhya als Geburtsort von Vishnus Avatara Rama oder Madurai für Minakshi als südindische Erscheinungsform von Shivas Gattin Parvati. Auch Berge – allen voran der Kailasa – sowie Flüsse sind solche Wallfahrtsorte, etwa die Quelle des Ganges, aber auch der Zusammenfluss von Ganges, Yamuna und der unterirdisch-mythologisch gedachten Sarasvati bei Allahabad.

4. Die kulturprägende Kraft

Die literarischen Traditionen des Hinduismus haben nicht nur innerhalb der Religion ihre Bedeutung, sondern sie haben über das Sanskrit sowohl die Kunstdichtung als auch die Erzählkunst in den Volkssprachen beeinflusst. Der nordindische «Sanskrit-Hinduismus» hat in den letzten vorchristlichen Jahrhunderten auch den dravidischen Süden des Subkontinents erreicht, wodurch eine gewisse kulturelle Vereinheitlichung des großen Gebiets erfolgte, ohne dass die südindischen Traditionen völlig überlagert worden wären. Dies ist ein Faktor, der die Vielfalt des Hinduismus bis zur Gegenwart bestimmt. Die mit dem Ritualwesen verbundene Befolgung bestimmter Zeiten hat zur Entwicklung von Mathematik und Astronomie beigetragen, die ursprünglich als Hilfswissenschaften für die Religion dienten, aber zugleich ihren Eigenwert für die Kultur des indischen Subkontinents entwickelten. Ebenfalls ausgehend vom Ritualwesen und der Notwendigkeit, Ritualtexte und Mantren als wirkmächtige Heilsformeln exakt zu rezitieren, entwickelte sich in Indien die Sprachwissenschaft und Grammatik. Die klassischen philosophischen Systeme Indiens haben sich im Anschluss an upanishadische Texte entfaltet.

Eine besondere Stellung hat der Hinduismus im Königreich Nepal (*Tafel 21*). Genauso hat die geographische Verbreitung des Hinduismus (aber auch des Buddhismus) nach Südostasien die indische Kultur überregional bekannt gemacht. Die Bezeichnung «Indochina» für Südostasien ruft das Besondere dieses Kulturraumes in Erinnerung, nämlich die Prägung der südost-

Tafel 21: Der Hinduismus in Nepal

Das Königreich Nepal hat eine Fläche von 147 000 km² und 27 Millionen Einwohner (2013). Die Mehrheit der Bevölkerung gehört einer indo-arischen Volks- und Sprachgruppe an (52% Nepalesen, 11% Marthili), der tibeto-birmanischen Sprachgemeinschaft gehören unter anderem die Newar (3%) und die Tamang (3,5%) an. Nach dem offiziellen Zensus des Jahres 2011 sind 81,3% der Bevölkerung Hindus, 9% Buddhisten und 4,4% Muslime. Die Zahl der Christen macht etwas mehr als ein Prozent aus. Der Hinduismus war von 1960 bis 2006 in Nepal Staatsreligion.

Der Ursprung des heutigen Staates ist mit der Eroberung des Kathmandu-Tales (1768–69) durch König Prithvi Narayan zu verbinden. Die Konzentration der (religions-)politischen Macht auf die Zentren im Kathmandu-Tal hat besonders den Ort Pashupatinath mit seinem shivaitischen Tempel zu einem Mittelpunkt nationaler nepalesischer Hindu-Identität gemacht. Der Tempel erfährt Förderung und Schenkungen durch die als gottgleich angesehenen nepalesischen Könige, wobei zum jährlichen Shivaratri-Fest (Februar/März) der Tempel auch Anziehungspunkt zahlreicher Asketen wird. Von all diesem fließt wiederum Stärkung der Legitimität auf den Herrscher zurück. – Neben dem Pashupatinath-Tempel prägt das Kathmandu-Tal aber noch in weiterer Hinsicht den nepalesischen Hinduismus: Die Newar als ursprüngliche Einwohner des Tales haben aufgrund der geographischen Lage von Nepal bereits im Verlauf des 2. Jahrtausends eine altertümliche Form indischer Religiosität bewahrt, die – unter anderem aufgrund der geographischen Lage des Tales – von muslimischen Einflüssen, mit denen sich der nordindische Hinduismus im Laufe des 2. Jahrtausends auseinander setzen musste, freigeblieben ist. Charakteristisch für ihre Religionsform sind tantrische Strömungen, die aus dem shivaitisch-shaktischen Hinduismus, aber auch aus dem Vajrayana-Buddhismus stammen. Diese Newar-Religiosität, die somit hinduistische und buddhistische Traditionen zu einer gemeinsamen Sinneinheit kombiniert, strahlt dadurch – besonders auf der Ebene des Volkshinduismus – auf weite Teile Nepals aus, teilweise in Ergänzung zu und in Wechselwirkung mit dem am Pashupatinath-Tempel lokalisierten und praktizierten shivaitisch-brahmanischen Staatshinduismus. Letzterer versteht sich als übergeordnete offizielle Religion, wobei der Hinduismus als Staatsreligion auch kleinere indische Religionen wie Sikhismus und Jainismus subsumiert. Aus solchen Gründen erfordert der Hinduismus in Nepal eine eigenständige Beschreibung gegenüber den Formen des Hinduismus in seinem indischen Mutterland.

asiatischen Kultur sowohl durch Indien als auch durch China. Der Hinduismus auf der Insel Bali (Indonesien) mit rund 3 Millionen Anhängern ist bis heute das einzige lebendige religiöse Zeugnis der Indisierung Südostasiens geblieben. Seit dem zweiten Viertel des 19. Jahrhunderts hat Südostasien erneut einen hinduistischen Impuls erhalten, als aufgrund der englischen Kolonialherrschaft Hindus (vor allem aus Südindien) als Vertragsarbeiter in diesen Raum kamen und den Hinduismus wieder aufleben ließen. Bis zur Gegenwart sind daher Hindus als religiöse Minderheit in Myanmar, Malaysia und Singapur verbreitet, insgesamt etwa 2,5 Millionen Menschen. Parallel zu dieser Diaspora-Verbreitung kamen Hindus als Vertragsarbeiter im 19. Jahrhundert auch nach Ost- und Südafrika, ferner in einige karibische Kleinstaaten sowie auf die Südseeinsel Fidschi. Dadurch hat eine erste Welle der «Internationalisierung» des Hinduismus eingesetzt, die in der zweiten Hälfte des 20. Jahrhunderts durch die Migration von Hindus nach Großbritannien und nach Nordamerika fortgesetzt wurde, wo nun insgesamt rund 1,5 Millionen Hindus leben. Aufgrund der politisch instabilen Lage auf der Insel Sri Lanka sind seit Ende der 70er Jahre des 20. Jahrhunderts auch zahlreiche tamilische Hindus als Flüchtlinge nach Europa gekommen. Rund 45 000 tamilische Hindus leben derzeit in Deutschland gemeinsam mit etwa 40 000 Hindus aus Nordindien sowie einigen Tausend hinduistischen Flüchtlingen aus Afghanistan. Verglichen mit 800 bis 850 Millionen Hindus weltweit, von denen rund 800 Millionen auf dem indischen Subkontinent leben, ist die Zahl der Hindus in Deutschland jedoch verschwindend gering.

Literaturhinweise

Altermatt, Urs/Delgado, Mariano/Vergauwen, Guido (Hg.): Der Islam in Europa. Zwischen Weltpolitik und Alltag, Stuttgart 2006.
Antes, Peter: Christentum. Eine religionswissenschaftliche Einführung, Berlin 2012.
Auffarth, Christoph/Bernard, Jutta/Mohr, Hubert (Hg.): Metzler Lexikon Religion. Gegenwart – Alltag – Medien, 4 Bde., Stuttgart 1999–2000.
Baumann, Martin/Luchesi, Brigitte/Wilke, Annette (Hg.): Tempel und Tamilen in zweiter Heimat, Würzburg 2003.
Baumann, Martin: Deutsche Buddhisten. Geschichte und Gemeinschaften, Marburg 1995.
Bechert, Heinz u.a.: Der Buddhismus I. Der indische Buddhismus und seine Verzweigungen, Stuttgart 2000.
Benz, Wolfgang: Deutsche Juden im 20. Jahrhundert. Eine Geschichte in Porträts, München 2011.
Bergunder, Michael (Hg.): Westliche Formen des Hinduismus in Deutschland, Halle 2006.
Berlin, Adele (Hg.): The Oxford Dictionary of the Jewish Religion, Oxford 2011.
Brenner, Michael: Kleine jüdische Geschichte, München 2012.
Brodbeck, Karl-Heinz: Buddhistische Wirtschaftsethik. Eine Einführung, Berlin 2011.
Buswell, Robert E. (Hg.): Encyclopedia of Buddhism, New York 2004.
Cush, Denise/Robinson, Catherine/York, Michael (Hg.): Encyclopedia of Hinduism, London 2008.
Doniger, Wendy: The Hindus. An Alternative History, Oxford 2010.
Ess, Hans von: Der Daoismus. Von Laozi bis heute, München 2011.
Figl, Johann (Hg.): Handbuch Religionswissenschaft. Religionen und ihre zentralen Themen, Innsbruck 2003.
Freiberger, Oliver/Kleine, Christoph: Buddhismus. Handbuch und kritische Einführung, Göttingen 2011.
Greschat, Martin: Christentumsgeschichte II. Von der Reformation bis zur Gegenwart, Stuttgart 1997.
Hage, Wolfgang: Das orientalische Christentum, Stuttgart 2007.
Halm, Heinz: Der Islam. Geschichte und Gegenwart, München 2000.
Harvey, Peter: An Introduction to Buddhist Ethics, Cambridge 2000.
Hutter, Manfred: Das ewige Rad. Religion und Kultur des Buddhismus, Graz 2001.

Literaturhinweise

Hutter, Manfred: Handbuch Baha'i. Geschichte – Theologie – Gesellschaftsbezug, Stuttgart 2009.

Juergensmeyer, Mark (Hg.): The Oxford Handbook of Global Religions, Oxford 2006.

Kohn, Livia (Hg.): Daoism Handbook, Leiden 2000.

Kunter, Katharina: Europäisches und globales Christentum. Herausforderungen und Transformationen im 20. Jahrhundert, Göttingen 2011.

Lohlker, Rüdiger: Islam. Eine Ideengeschichte, Wien 2009.

Maier, Bernhard: Koran-Lexikon, Stuttgart 2001.

Malinar, Angelika: Hinduismus, Göttingen 2009.

Markschies, Christoph: Die Gnosis, München 2001.

Martin, Richard C. (Hg.): Encyclopedia of Islam and the Muslim World, New York 2004.

Michaels, Axel: Der Hinduismus. Geschichte und Gegenwart, München 1998.

Möller, Hans-Georg: In der Mitte des Kreises. Daoistisches Denken, Berlin 2010.

Pregadio, Fabrizio (Hg.): The Encyclopedia of Taoism. 2 Bde., London 2008.

Prenner, Karl: Die Stimme Allahs. Religion und Kultur des Islam, Graz 2001.

Reiter, Florian C.: Die Verbindung von Menschlichkeit und Göttlichkeit. Taoistische Ansichten des Lebens, Wiesbaden 2010.

Reiter, Florian C.: Religionen in China. Geschichte, Alltag, Kultur, München 2002.

Rohe, Mathias, Das islamische Recht. Geschichte und Gegenwart, München ³2011.

Saiedi, Nader: Logos and Civilization. Spirit, History, and Order in the Writings of Bahá'u'lláh, Bethesda 2000.

Schäfer, Peter: Geschichte der Juden in der Antike, Stuttgart 1983.

Schimmel, Annemarie: Mystische Dimensionen des Islam, Frankfurt 1995.

Schmidt, Karsten: Buddhismus als Religion und Philosophie, Stuttgart 2011.

Schorn-Schütte, Luise: Die Reformation: Vorgeschichte – Verlauf – Wirkung, München ³2003.

Smith, Peter: An Introduction to the Baha'i Faith, Cambridge 2008.

Stemberger, Günter: Das klassische Judentum, München 1979.

Tamcke, Martin: Das orthodoxe Christentum, München 2004.

Tworuschka, Udo (Hg.): Heilige Schriften. Eine Einführung, Darmstadt 2000.

Wunn, Ina: Muslimische Gruppierungen in Deutschland. Ein Handbuch, Stuttgart 2007.

Register

Abdu'l Baha 111 f., 114
Abendmahl 65 f.
Abraham 36 f., 41, 48, 88, 99
Achtgliedriger Pfad 19
Adad-Islam 103
Afghanistan 23, 138
Ägypten 57, 60, 89, 92, 111
Ahmadiya 95
Ahnengedächtnis 32, 82 f., 123
Al-Ghazzali 94
Alewiten 90, 92, 104
Ali 89–91
Alter von Religionen 12 f., 17
Amida-Buddhismus 25 f., 31
Anagarika Dhammapala 28
Arius 57 f.
Armenien 60, 69
Aschkenasisches Judentum 44
Ashura-Feiern 100 f.
Atatürk, Mustafa Kemal 93
Atemkontrolle 25, 30 f., 74, 81, 133 f.
Atman 123–126, 128, 134
Auferstehung 54–56, 66
Avalokiteshvara 29
Avatara 126 f.

Baal Schem Tow 39, 44, 46
Bab 105–107, 111 f., 114 f.
Baha'i-Religion 12, 14, 17, 51, 105–120
Baha'u'llah 106 f., 112, 114 f.
Bahir 43, 46
Bahji 108, 111
Bali 128, 138
Barlaam und Joasaph 33
Beschneidung 47, 55
Bhagavadgita 122, 124
Bhakti 25, 127, 134
Bhutan 29
Bilderverehrung 56, 61
Bodhidharma 25, 32

Bodhisattva 23 f., 30
Borobudur 28, 33
Brahman 123–126, 134
Buddha 9 f., 18–21, 28, 32, 73
Buddhismus 9–11, 13–15, 17–35, 79 f., 83 f., 103, 122, 126, 137

Chalkedon 59 f., 69
Chan-Buddhismus 25 f., 31
Chassidismus 44
China 10 f., 15, 24 f., 35, 46, 59, 72–86, 95
Christentum 10, 13 f., 17, 34, 36, 42, 50 f., 53–71, 85, 87 f., 101, 108, 112, 121

Dalai Lama 27, 29
Daodejing 73–75, 77, 80, 86
Daoismus 11, 14, 16 f., 25, 72–86
Daoismusrezeption 86
Davidsstern 36
Deutschland 28, 35, 43, 51, 63, 70, 86, 104, 113, 116, 120, 138
Devaraja-Kult 129
Dharma 20, 24, 132
Dharmakaya 24
Diamant-Fahrzeug 27
Diaspora 38, 40, 45, 47
Divali 135
Drei Höhlen 77 f., 80
Drei-Körper-Lehre 23 f.
Drei Lehren 84
Drei Reine 73, 75 f., 78
Drusen 92

Einheit der Religionen 108, 110, 112, 114, 117
Enthaltsamkeit 67, 74, 79, 99
Esra 37
Ethik 22, 30, 67, 77, 83 f., 97, 99, 117
Exilarch 40 f.

Fasten 49, 88 f., 116
Fatimiden 91 f.
Fatwa 96
Feng Shui 84

Gelugpa 27
Geonim 41
Gnosis 57, 63, 92
Gott im Christentum 55
Gott im Islam 87 f., 94
Gott im Judentum 37, 41, 43 f., 55
Gott in der Baha'i-Religion 106, 108–110
Götter im Buddhismus 23, 31
Götter im Daoismus 76, 82
Götter im Hinduismus 123, 128, 135
Großes Fahrzeug 23

Hadith 93, 96
Haggada 41
Halacha 41
Haskala 44
Haus der Andacht 113, 116–118
Hebräische Bibel 38, 40, 44, 46, 50, 55, 57
Hebräische Sprache 38, 43 f., 50
Heilige Schriften 14
Heiliger Geist 57 f., 61, 65 f.
Herodes der Große 54
Herzsutra 22, 24, 31
Hidschra 88
Himmelsmeister 74, 76, 79, 85
Hinayana 21
Hinduismus 10 f., 13–15, 17, 20, 33, 103, 121–138
Hindu-Nationalismus 130
Holi 135
Husain 91, 95, 100 f.

Ikone 70
Imam 91 f.
Indien 23, 25, 35, 46, 59, 93, 112, 116, 121–138
Indonesien 15, 27 f., 95, 103, 128, 138
Iran 10, 46, 57, 89, 91, 95, 113, 117 f.
Islam 10, 13–15, 17, 23, 26, 34, 36, 41 f., 60, 63, 68, 87–104, 107, 110, 112, 121, 129 f.
Israel 36, 43, 45, 51, 107, 114, 117

Jadekaiser 76, 78, 82
Japan 25 f., 28, 32, 84
Jataka 33
Jerusalem 11, 38, 40, 51, 61, 100
Jesus 53–55, 88
Jiddische Sprache 44
Jingtu-Schule 25 f.
Johannes der Täufer 54
Jom Kippur 49
Judentum 11–14, 17, 36–52, 54 f., 87 f., 95, 108
Jüdische Nationalbewegung 36

Kaaba 88, 100
Kabbala 42 f.
Kagyüpa 29
Kalifat 89, 93, 95
Kambodscha 23, 128
Karl der Große 62
Karman 19 f., 123–126
Kastenwesen 132 f.
Katholizismus 15, 53, 64–66, 70, 103
Kerbela 91, 100, 105
Kharidschiten 91, 102
Kitab-i Aqdas 108, 114
Kleines Fahrzeug 21
Kloster 29, 68, 78, 83
Koan 26, 31
Konfuzianismus 11, 13 f., 72 f., 78, 80, 84 f.
Konversion 11 f., 45
Kopten 60
Koran 88, 90, 92–94, 108
Korea 11, 13, 25, 78, 80, 84
Körpertechniken 25, 74, 81, 133 f.
Kreuzzüge 46, 62 f., 95
Krishna 126 f., 131, 134 f.

Laien 29 f., 34, 58, 62, 77
Laozi 72–74, 78, 83
Laubhüttenfest 48 f.
Leerheit 24, 30
Lehrer-Schüler-Beziehung 77, 135
Leiden im Buddhismus 19 f., 23
Lingam und Yoni 127
Lotos-Sutra 24–26

Madhva 125, 130
Madhyamika-Schule 24, 27

Mahabharata 122, 130
Mahasanghika 21, 23
Mahayana 21, 23 f., 29 f., 32
Mahdi 91
Malaysia 103, 138
Mandala 31
Manichäismus 10, 63, 102, 110
Markion 57
Martin Luther 62
Märtyrerfrömmigkeit 92, 106
Meditation 19, 24, 26, 30 f., 34, 133 f.
Mekka 87 f., 99 f., 106
Messiaserwartung 42, 54
Migration 11, 13, 35, 138
Minarett 98
Minjan 47
Mischna 40, 46
Mitgliederzahlen 10 f., 13, 17
Moghulherrschaft 93, 129 f.
Mönche 20 f., 29 f., 32, 68, 79, 83
Mondkalender 32, 48, 82 f., 99, 135
Mongolei 27, 29, 35
Moschee 98, 102
Mose 37, 41, 48, 88
Moses Maimonides 42 f., 46, 50
Muhammad 10, 87–89, 100 f.
Mündliche Tora 37, 40
Muslimbruderschaft 95, 101 f.
Mu'taziliten 93 f.
Myanmar 23, 34, 112, 138
Mystik 39, 41 f., 44, 95, 101 f., 106, 123

Nanhuajing 73 f.
Nationalsozialismus 46 f., 50, 52
Nepal 29, 137
Nestorius 58 f.
Neues Testament 38, 54 f., 57, 62 f.
Neujahrsfeste 33, 49, 115
Neunzehntagefest 115
Nichiren 26, 31
Nirmanakaya 24
Nirvana 18–21, 23–25, 30, 32
Nonne 21, 29 f.
Nordafrika 41–43, 57, 63, 89, 92
Nyingmapa 27

Om (Aum) 121
Orientalisches Christentum 59 f., 70

Orthodoxes Christentum 60 f., 64–66, 70
Ostern 64 f.
Ostsyrisches Christentum 59, 68

Padmasambhava 27 f., 32
Pagode 33
Palästinenserstaat 51
Pali-Kanon 21, 27 f., 78
Pataliputra 21
Paulus 54 f.
Pessachfest 48, 54, 64
Pfingsten 64 f.
Pflichtgebet im Islam 88, 97 f.
Philo von Alexandrien 38
Priester(tum) 56, 62, 76 f., 115
Primatanspruch Roms 61
Protestantismus 15, 53, 66, 70, 103

Qi 76
Qibla 88, 98
Quan-zhen 79, 81
Qumran 38
Qurrat al-Ayn 106

Rabbinisches Judentum 40–42, 47
Rad der Lehre 18 f.
Ramadan 88 f., 99
Ramanuja 125, 130
Ramayana 122, 127, 130
Recht im Islam 90, 92–94, 96
Recht in der Baha'i-Religion 114, 117
Rechtfertigungslehre 55, 62
Reformation 62–64
Reformhinduismus 129–131
Reichskristallnacht 46
Ridvan 111, 115
Rishi 121–123
Rom 55, 57, 59, 61 f.

Sakyapa 29
Sambhogakaya 24
Sanatanadharma 123, 131 f.
Sanhedrin 40 f.
Schabbat 47
Schabbetai Zwi 44
Scharia 94
Schiiten 89–93, 100, 102, 106
Schulchan Aruch 41

Sefardisches Judentum 42 f.
Sefer Jezira 42
Septuaginta 38, 46
Sexualität 67, 81, 127, 134
Shakti 126, 128, 134
Shankara 125, 130
Shaykhi-Bewegung 105 f.
Shiva 121, 126–128, 134, 136
Shoa 46, 50
Shoghi Effendi 112–114
Shruti 122
Shunyata 24, 30
Sikhismus 13 f., 129
Sinai 37, 41, 48
Singapur 84, 138
Sizilien 102
Smriti 122, 126
Sohar 43
Spanien 10, 41–43, 61, 89, 93, 95, 102
Speisevorschriften 30, 81, 132 f.
Sri Lanka 23, 33, 138
Stupa 33
Subh-i Azal 106 f.
Südostasien 23, 27, 33, 96, 128, 136
Sukhavati-Paradies 24 f.
Sündenbekenntnisse 77, 82
Sunniten 91, 93–96, 102
Synagogengottesdienst 47

Taiwan 79 f., 84–86
Taliban 95
Talmud 40, 43 f., 46, 51
Tamilen 33, 138
Taufe 66
Tempel in Jerusalem 38, 40, 46, 54
Tendai-Schule 26
Thailand 23, 33
Theravada 21, 23, 29, 32, 34, 129
Thomas von Aquin 62
Tiantai-Schule 25 f.
Tiberias 40
Tibet 27–29, 35
Tora (des Mose) 37 f., 40 f., 43, 45, 47 f., 51, 54

Transzendente Buddhas 24
Trinitätslehre 57–59, 61, 89
Tsongkhapa 27, 32
Türkei 96, 101

Universales Haus der Gerechtigkeit 109, 114
Universalismus 9 f., 12 f., 17, 123
Unsterblichkeit 77, 84
Upanishaden 122 f., 125
Uposatha-Tage 32

Vajrayana 21, 27–29, 31, 35
Veda 121–123
Verborgener Imam 91, 105
Vesakh 32
Vier edle Wahrheiten 18 f., 22
Vierzehn Unfehlbare 82
Vietnam 35, 128
Vishnu 121, 126 f., 134
Visualisierungen 31
Vollkommener Mensch 92

Wallfahrt 89, 99 f., 116 f., 135 f.
Weihnachten 64 f.
Weltreligion 9–11, 13 f., 16, 50, 52 f., 123
Westfälischer Friede 63
West-Samoa 119
Westsyrisches Christentum 59 f.
Wiedergeburt 19 f., 123–126
Wochenfest 48

Yin und Yang 72, 76, 86
Yoga 127, 130 f., 133 f.
Yogacara-Schule 24

Zehn Gebote 37, 67, 97
Zen-Buddhismus 26, 31, 33, 86
Zhang Daoling 76 f., 80
Zionismus 45 f.
Zölibat 63, 67, 79
Zoroastrismus 12–14, 105
Zwei-Naturen-Lehre 58, 63
Zwölferschia 91, 104